Ulrich Pommerenke

Ich kann's – ich mach's

2009
Isabel Kamm

Ulrich Pommerenke ist freier und selbstständiger Kommunikationstrainer und Coacher in Bad Segeberg und Rügen.

Ulrich Pommerenke

Ich kann's – ich mach's

Persönlichkeitsentwicklung
im ErzieherInnenberuf

Cornelsen
SCRIPTOR

Ihre Wünsche, Kritiken und Fragen richten Sie bitte an:
Cornelsen Verlag Scriptor, Redaktion Frühe Kindheit,
Willy-Brandt-Platz 6, 68161 Mannheim

Ihre Bestellungen und Anfragen richten Sie bitte an:
Marketing, 14328 Berlin, Cornelsen Service Center,
Servicetelefon 030/89 785 89 29

ISBN 978-3-589-24510-9

1. Auflage 2007

07 08 09 10 11 5 4 3 2 1

Redaktionsleiterin: Ulrike Bazlen, Mannheim
Lektorat: Renate Krapf, Mannheim
Herstellung: Sandra Bennua, Mannheim
Layout: Claudia Adam Graphik-Design, Darmstadt
Satz: Markus Schmitz, Büro für typographische Dienstleistungen, Münster
Druck und Bindung: Druck Partner Rübelmann GmbH, Hemsbach
Umschlaggestaltung: Claudia Adam Graphik-Design, Darmstadt
Titelzeichnung: Barbara von Johnson, München

Printed in Germany

Weitere Informationen finden Sie im Internet unter
www.cornelsen.de

Inhalt

Einleitung

Self-Coaching

Sich Zeit für sich selber nehmen, sich neue Gedanken gestatten, die eigenen Stärken besser kennenlernen und einsetzen, Visionen entwickeln und Herausforderungen erfolgreich begegnen – **Self-Coaching** wendet sich an alle, die sich mit der Frage auseinandersetzen wollen: Wie sieht mein Leben heute aus, möchte ich etwas verändern und wenn ja, was?

Coaching findet im Spannungsfeld zwischen den beruflichen und privaten Rollen eines Menschen statt; es gibt keine fertigen Lösungen vor, sondern Anregungen, eigene Lösungsmöglichkeiten zu entwickeln. Der englische Begriff „Coach" bedeutet Kutsche. Sinnbildlich betrachtet kann der Mensch mit Hilfe einer Kutsche von einem Ort an einen anderen gelangen, er kann sich auf eine Reise begeben mit einem bestimmten Reiseziel. Beim Coaching hat er einen Reisebegleiter, das Self-Coaching dagegen geht von der Annahme aus, dass selbstverantwortlich handelnde Menschen ihr eigener Berater, ihr eigener Reisebegleiter sein können. Dieses Buch möchte Sie zu einer Reise anregen, deren Ziel und Tempo Sie allein bestimmen.

Leben ist ständiger Wandel und deshalb stehen wir immer wieder vor neuen Situationen und Aufgaben. Mit der Schnelllebigkeit unserer Zeit richtig umzugehen und Schritt zu halten, stellt uns vor Herausforderungen, die neue Einstellungen von uns verlangen sowie ein hohes Maß an Flexibilität und emotionaler Intelligenz. Wie gehen wir mit diesen Herausforderungen um? Welche Ziele möchten wir in unserer Arbeit verwirklichen? Welches Leitbild ist tragfähig, um mit den täglichen Anforderungen angemessen umgehen zu können? Hier kann ich nur für mich sprechen: Ich habe die Erfahrung gemacht, dass ich mir zur Beantwortung dieser Fragen zunächst einmal darüber klar werden muss, wo ich selber stehe, wie meine eigenen Wertvorstellungen aussehen, ich muss wissen, was mir persönlich wichtig ist; dieses Buch möchte Sie bei Ihrer persönlichen Standortbestimmung unterstützen.

Wenn wir uns ändern wollen, müssen wir bei unseren Gedanken beginnen. Sinnsprüche und treffend formulierte Gedanken anderer haben sich für mich als eine gute Möglichkeit erwiesen, mich auf einer anderen Ebene, außerhalb meiner eigenen Denkmuster ansprechen zu lassen. Die Auseinandersetzung damit bzw. die emotionale Reaktionen darauf können Hinweise geben auf die eigenen Themen und die eigenen Einstellungen.

Mit Self-Coaching können wir gezielt Einfluss nehmen auf unsere mentalen Prozesse: Wir können unsere Handlungsmotive und unsere Wertesysteme hinterfragen und wir können uns unseren Visionen zuwenden und daraus konkrete Ziele ableiten. Die Lösung für Probleme ist in uns bereits vorhanden und wenn es uns gelingt, Neuerungen in unserem Alltag als Entwicklungschance zur begreifen, ist dies ein sehr wirksamer Weg zu anhaltenden positiven Veränderungen.

Mit mehr Leichtigkeit zu leben und zu arbeiten, gesteckte Ziele zu erreichen, lang gehegte Wünsche zu verwirklichen, all dies sind realistische Möglichkeiten. Wir können uns selbst zum Erfolg führen und Pläne in greifbare Ergebnisse umsetzen. Das, was uns bewegt und antreibt, unsere Wünsche und Ideen sind ein guter Ausgangspunkt, um Neues zu entdecken und sich weiterzuentwickeln. Sie können der Anfang einer spannenden Reise sein.

Motivation

Was treibt den Menschen an? Was bewegt ihn zum Handeln? Die Frage nach der **Motivation**, dem Zustand des Motiviertseins, ist zugleich die Frage nach den Motiven: Was tun wir, warum tun wir etwas und welche Mittel ergreifen wir, um ein Motiv in konkretes Handeln umzusetzen?

Das Spektrum der menschlichen Motive hat sich vor langer Zeit aus biologischen Zielen entwickelt: Die **primären Motive** *(Triebe)* sind angeborene Verhaltensmuster, die der Befriedigung von Lebensbedürfnissen dienen, wie sich Nahrung zu beschaffen, sich vor Kälte zu schützen und sich fortzupflanzen. Die **sekundären Motive** gehen stärker auf psychologische Prozesse zurück, sie entwickeln sich aus unserem Umfeld, aus unseren Lebensumständen heraus, so z. B. das Motiv:

- **Anerkennung,** das Streben nach sozialer Akzeptanz
- **Macht,** das Streben, Kontrolle über die Umgebung und das Verhalten der Mitmenschen auszuüben

- **Beziehungen,** das Streben nach Freundschaft, Kameradschaft, Humor
- **Emotionale Ruhe,** das Streben nach Entspannung und emotionaler Sicherheit.

Die verschiedenen Ansätze und Denkmodelle, mit deren Hilfe Psychologen die Motivation und Antriebsmuster von Menschen erklären, fallen je nach Menschenbild sehr unterschiedlich aus. Und der Boden wird schwammig, wenn wir entscheiden sollen, welchen Anteil die Triebe und welchen Anteil äußere Reize für unser Verhalten haben. Doch die genannten Motive und viele weitere wie Neugier, das Streben nach Selbstverwirklichung oder nach Familie sind grundsätzlich in jedem Menschen vorhanden. Ihre Ausprägung, die Art, wie sie erlebt und gestaltet werden, unterscheidet sich jedoch von Mensch zu Mensch beträchtlich.

Jeder Mensch hat sein individuelles Motivationsprofil, das als Merkmal der Persönlichkeit betrachtet werden kann. Dieses individuelle Motivationsprofil, dieses Geflecht von Antrieben und Handlungsstrategien leitet uns unbewusst. Es stellt sich also nicht die Frage, ob wir motiviert sind, sondern wie. Wir alle kennen die Situation vom Sport: Wir sind leicht zu motivieren, wenn wir mit Freunden zusammen trainieren, wenn uns also Geselligkeit als äußerer Reiz lockt. Ganz anders kann dies aussehen, wenn wir uns nach einem langen Arbeitstag bei Regenwetter auf den Weg machen sollen – hier ist entscheidend, wie stark die Eigenmotivation ist.

Wenn unsere Motivation von innen kommt und wir aus eigenem Antrieb handeln, dann empfinden wir unser Tun als selbstbestimmt. Für die innere, die *intrinsische* Motivation sind Neugier, Spontaneität und das Interesse an den unmittelbaren Gegebenheiten der Umwelt kennzeichnend. Wenn wir aus innerem Antrieb handeln, dann brauchen wir keine äußeren Anreize wie die Aussicht auf Belohnung, um die Motivation aufrechtzuerhalten.

Ein weiterer Faktor, der unsere Motivation beeinflusst, sind die Emotionen: Wir wiederholen Handlungen, bei denen wir Lust empfunden haben und wir vermeiden Menschen und Situationen, die wir nicht leiden können. Und schließlich beeinflusst noch der subjektive Wert eines Ziels und seine Chance auf Umsetzung unsere Motivation. All diese Faktoren wirken sich auf unser Verhalten aus, auf die Art und Weise, wie wir Aufgaben annehmen und darauf, ob wir sie erfolgreich lösen.

Wenn Erfolgreichsein bedeutet, gesteckte Ziele zu erreichen, dann müssen wir uns fragen, wie wir zu einer motivierenden Zielsetzung kommen, wie wir uns selbst motivieren können, die nötigen Schritte für die Umsetzung dieser Ziele zu gehen und welche Kompetenzen wir auf diesem Weg brauchen. Ich habe die Erfahrung gemacht, dass es für diesen Prozess sehr hilfreich ist, sich die eigenen Antriebs- und Verhaltensmuster, die eigenen Gewohnheiten und das eigene Selbstbild bewusst zu machen. So kann ich erkennen, wo ich stehe und kann mir klar werden, wohin ich will. Dies schafft die Voraussetzung, um individuelle Strategien entwickeln zu können. Die folgenden Übungen zu den einzelnen Prinzipien der Motivation sowie zu den verschiedenen Schritten der Selbstanalyse sollen diese Auseinandersetzung unterstützen und die Möglichkeit eröffnen, einen individuell zugeschnittenen Veränderungsprozess anzuregen. Die einzelnen Übungen können unabhängig von ihrer Reihenfolge im Buch bearbeitet werden. So kann sich jeder von seinen individuellen Interessen leiten lassen auf dem Weg zu seinen persönlichen Zielen.

> *„Der Kopf ist rund, damit das Denken die Richtung ändern kann.“*
> *FRANCIS PICABIA*

Für mich war es sehr hilfreich, auf diesem Weg einzelne Schritte, Ziele oder Probleme aufzuschreiben. Gedanken sind oft flüchtig, sie müssen häufig anderen Dingen weichen und werden blitzschnell überlagert. Aufgeschrieben sind Ziele sichtbar; dies motiviert, sie weiterzuverfolgen. Auf diese Weise können Ziele verbindlicher sein und verpflichten.

1. Motivationsstrategien

1.1 Prinzip des Handelns

> ***Die Erkenntnis des Lebens***
>
> *„Ein Sultan im Orient holte sich seinen weisen Berater zu sich und sagte: ‚Mein Volk hat Jahre lang für meinen Reichtum gesorgt und die Steuern ohne Beanstandung abgeführt. Nun will ich meinem Volk danken und ihm die Weisheit des Lebens schenken. Finde heraus, worauf es im Leben ankommt, und sprich mit den einfachen und weisen Menschen in unserem Land.'*
>
> *Der Weise hörte sich im Volk um und kam nach einem Jahr zum Sultan zurück: ‚Hier habe ich die Weisheit des Lebens auf 30 Seiten zusammengetragen.' Der Sultan nahm das Werk entgegen und zerriss es sofort: ‚Was soll ich mit 30 Seiten? Wie soll mein Volk dies verstehen? Geh hinaus und finde eine Antwort, die mein Volk verstehen kann!' Der Weise tat, wie ihm geheißen und mischte sich wieder ein Jahr lang unter das Volk. Als er wieder vor seinen Gebieter trat, hatte er die Weisheit des Lebens auf drei Seiten zusammengetragen.*
>
> *Der Sultan aber nahm sie nicht entgegen und entrüstete sich: ‚Wie soll ich meinem Volk auf drei Seiten die Lebensweisheit vermitteln? Es hört mir doch gar nicht zu und versteht zudem nicht, was ich ihm schenken möchte! Weiser, geh ein letztes Mal und gib mir endlich die Erkenntnis des Lebens!' Dem Weisen war klar, welche Bedeutung die Aufforderung hatte – es war wohl das letzte wohlwollende Ansinnen.*
>
> *Nach einem weiteren Jahr kehrte der Weise zurück und reichte dem Sultan ein Blatt, auf dem nur vier Worte standen. Der Sultan zeigte sich hocherfreut: ‚Du hast die Lebensweisheit gefunden, das ist es, worauf es im Leben ankommt.' Auf dem Blatt stand: Von nichts kommt nichts!"*
>
> *VERFASSER UNBEKANNT*

Jede Veränderung beginnt mit dem Handeln, jede Entwicklung geschieht durch Bewegung und jeder Fortschritt wird eingeleitet durch eine Tat. Deshalb steht das **Prinzip des Handelns** auch an erster Stelle der Motivationsstrategien. Doch oft liegen Welten zwischen dem, was wir uns vorstellen und vornehmen, und dem, was wir tatsächlich tun. Öden von Horváths Sinnspruch – „Eigentlich bin ich ganz anders, nur komme ich so selten dazu“ – macht uns darauf aufmerksam, dass wir uns gerne in wiederkehrenden Denk- und Verhaltensmustern aufhalten. Damit diese Denk- und Verhaltensmuster nicht zum Bremsklotz für eine positive Weiterentwicklung der individuellen Persönlichkeit werden, ist es wichtig, sich immer wieder auf sich selbst zu besinnen und sich klar zu machen, was uns wegführt von dem, der wir „eigentlich“ sein wollen. So entwickelt sich das natürliche Bedürfnis, sich in eine gewünschte Richtung zu verändern.

> *„Das große Ziel des Lebens ist nicht Wissen, sondern Handeln.“*
> *THOMAS HENRY HUXLEY*

Das Prinzip des Handelns steht an erster Stelle der Motivationsstrategien und zeugt von einer Grundeinstellung, die Veränderung ermöglicht. Hierzu gehört der von innen angelegte Mut, unangenehme Situationen anzunehmen und zu bewältigen, privat und beruflich als notwendig empfundene Veränderungen aktiv vorzunehmen sowie neue und unbekannte Situationen als Herausforderung zu verstehen.

Mut ist eine Charaktereigenschaft, die das Risiko nicht ausschließt. Sie versteht fehlgeschlagenes Verhalten als unerlässlichen Lernprozess zur Entfaltung der Persönlichkeit.

Wir alle kennen die Situation, in der uns aufgrund einer Beschwerde ein unangenehmes Gespräch bevorsteht. Wir vereinbaren einen Rückruf mit dem Gesprächspartner, legen aber den Termin nicht präzise fest. Wir tappen in diesem Moment in eine Falle, die wir uns möglicherweise schon öfter gestellt haben: „Das kann ich ja morgen erledigen.“ Wir wissen, dass die Befürchtung eines negativen Gesprächsverlaufs in den meisten Fällen nicht eintritt und doch trauen wir uns in diesem Moment nicht, wir wagen uns aus der „Sicherheitszone“ nicht heraus.

Zu verdrängen und zu vermeiden birgt in sich die Gefahr, die eigene Passivität mit den äußeren Verhältnissen und Strukturen zu begründen. Dies kann die Fähigkeit einschränken, private und berufliche Probleme selbstständig anzugehen und zu lösen. Unser Leben fordert jedoch von uns, Probleme zu lösen, weil nur so eine Entwicklung stattfinden kann – und dies geschieht durch Handeln.

> *„Man gibt immer den Verhältnissen die Schuld für das, was man ist. Diejenigen, die in der Welt vorankommen, gehen hin und suchen sich die Verhältnisse, die sie wollen – und wenn sie sie nicht finden können, schaffen sie sie selbst."*
> *GEORGE BERNARD SHAW*

Das Prinzip des Handelns stärkt das Selbstbewusstsein und das Selbstvertrauen. Es verhilft Schritt für Schritt zu einem selbstbestimmten Leben. Das Prinzip des Handelns ist das zentrale Motivationsinstrument.

Entwicklung der persönlichen Strategie

Die jeweiligen Übungen auch in den folgenden Kapiteln unter dieser Rubrik sollen den Prozess unterstützen, sich das eigene Verhalten, die individuellen Reaktionen auf die jeweiligen Themen bewusst zu machen und so gegebenenfalls Ansätze zur Veränderung zu entdecken unter dem Motto: Gewinnen beginnt mit Beginnen.

ÜBUNG

Standortbestimmung und Veränderung

Übung 1: Sind Sie ein zurückhaltender, eher passiver oder ein aktiver, eher anpackender Mensch? Begründen Sie Ihre Einschätzung.

Übung 2: Haben Sie den Eindruck, Ihr Leben zum größten Teil selbst zu gestalten oder fühlen Sie sich „gestaltet"? Suchen Sie nach Gründen, warum dies so ist und was Sie beeinflusst.

Übung 3: Notieren Sie, wie sich Ihre selbstbestimmte Lebensgestaltung äußert.

Übung 4: Wer oder was beeinflusst Ihr privates und berufliches Leben und warum ist es so?

Übung 5: Wünschen Sie eine Veränderung Ihrer privaten und beruflichen Situation? Wenn ja, unterscheiden Sie die Bereiche Partnerschaft und Familie, Freizeit, Freunde und Hobbys sowie Beruf.

Übung 6: Schieben Sie mehr oder weniger unangenehme Aufgaben hinaus? Wenn ja, welche Gründe sehen Sie für Ihr Verhalten?

Übung 7: Schreiben Sie Ihre „Mutproben" der Vergangenheit auf; in welchen Situationen haben Sie Verantwortung übernommen?

Übung 8: Sie haben drei Wünsche frei, die Ihnen sofort erfüllt werden. Schreiben Sie Ihre Wünsche auf und stellen Sie kurz dar, wer oder was einer Erfüllung entgegensteht.

Übung 9: Führen Sie ein Gespräch mit einer Person, die zu einem Sachverhalt eine andere Meinung vertritt und vermeiden Sie dabei passive Formulierungen wie „Eigentlich müsste ich ...", „Vielleicht mache ich ...", „Ich würde ...".

Übung 10: Halten Sie drei Stichpunkte zum Thema fest, die Ihnen besonders wichtig sind.

Für die Umsetzung des Prinzips der Visionen und Ziele im Alltag können die folgenden Überlegungen und Vorschläge hilfreich sein:

- Aktive Formulierungen im Präsens wie „Ich mache es", „Ich bin ..." oder „Ich habe ..." unterstreichen den Wunsch zu handeln und strahlen innere Sicherheit aus
- Es kommt auf Ihre Entschlossenheit, auf Ihre Entscheidung an. Sagen Sie Ja, wenn Sie etwas Unangenehmes tun müssen, denn mit einem Nein bleibt es unerledigt. Sagen Sie Ja, wenn Sie Ärger in Ihrem Team haben, denn ein Nein macht Sie nur ärgerlicher und löst das Problem nicht
- Geben Sie sich Impulse zu Hause und am Arbeitsplatz mit Zetteln an geeigneter Stelle: „Wenn nicht jetzt – wann dann?" oder „Jetzt!"

- Übernehmen Sie Verantwortung für all das, wofür Sie sich entscheiden, und für das, was Sie tun oder unterlassen
- Bereits 15 Minuten Zeit am Abend, in denen wir die Dinge aufschreiben, die uns gelungen sind oder die uns erfreut haben, kann uns deutlich machen, wie viele positive Seiten ein Tag hat und wie viel tatsächlich gelingt, ohne dass wir uns darüber bewusst sind. So können das Selbstwertgefühl und die Selbstsicherheit wachsen
- Auch die Dinge zu notieren, die nicht gelungen sind oder die wir als negativ empfunden haben, ist bedeutsam: Mit dieser Strategie sind wir bestens darauf eingestellt, noch angemessener und souveräner zu agieren; Fehler sind notwendig für die persönliche Weiterentwicklung
- Sich immer für etwas und nicht gegen etwas zu entscheiden, führt zu einer positiven wie aktiven Grundhaltung; sie lädt ein zum Handeln und damit zur positiven Veränderung
- Sehen Sie sich als Teil der Lösung und nicht als Teil des Problems. Denken Sie handlungs- und ergebnisorientiert; die Analyse ist wichtig, die Lösung ist wichtiger.

1.2 Prinzip der Achtsamkeit

> *„Achte auf Deine Gedanken – sie werden Worte.*
> *Achte auf Deine Worte – sie werden Handlungen.*
> *Achte auf Deine Handlungen – sie werden zu Gewohnheiten.*
> *Achte auf Deine Gewohnheiten – sie werden Dein Charakter.*
> *Achte auf Deinen Charakter – er wird Dein Schicksal."*
> *KONFUZIUS*

Achtsamkeit ist die Wertschätzung des Augenblicks. Achtsamkeit führt zur Entdeckung des Wesentlichen. Sie sensibilisiert unsere Wahrnehmung nach innen wie nach außen, sie schult unsere Sinne und lehrt Konzentration. Achtsamkeit ermöglicht Präsenz, nämlich im Moment da zu sein. Achtsamkeit ist Wachsein, das unser Bewusstsein für das Tun und für das Aufnehmen von Geschehnissen schärft.

Der Dalai Lama fasst die Bedeutung von Achtsamkeit so zusammen: „Achtsamkeit kommt aus einem stark entwickelten Bewusstsein für die eigenen körperlichen und verbalen Handlungen, was sich auch auf die Traumwelt überträgt. Wenn man dem eigenen Verhalten beim Essen, Kommen und Gehen, Stehen und Sitzen und so weiter sehr genau Beachtung schenkt, dann schlagen die Bedingungen für Achtsamkeit kräftige Wurzeln."

Das Handeln und die Achtsamkeit sind das Traumpaar der Motivation. Sie sind von grundlegender Bedeutung für ein bewussteres Leben, für mehr Lebensqualität und für die Lern- und damit auch die Veränderungsfähigkeit.

> ***Gruß an die Morgendämmerung***
>
> *„Sieh diesen Tag! Denn er ist Leben, ja das Leben selbst.*
> *In seinem kurzen Lauf liegt alle Wahrheit, alles Wesen Deines Seins:*
>
> *Die Seligkeit zu wachsen, die Freude zu handeln, die Pracht der Schönheit; denn gestern ist nur noch ein Traum, und morgen ist nur ein Bild der Fantasie, doch heute, richtig gelebt, verwandelt jedes Gestern in einen glückseligen Traum und jedes Morgen in ein Bild der Hoffnung.*
>
> *So sieh diesen Tag genau! Das ist der Gruß der Morgendämmerung."*
> *KALIDASA, INDISCHER DRAMATIKER*

Achtsamkeit und Stress

Passt dieses Verständnis von **Achtsamkeit** überhaupt in unsere Kultur- und Lebenswelt? Der Bezug zur Schnelllebigkeit unserer Gesellschaft und zum rasanten gesellschaftlichen Wandel ist schnell hergestellt. Erzieherinnen spüren die Auswirkungen in den Kindergruppen, mit denen sie arbeiten, ebenso wie in ihrem eigenen Leben.

Wir leben in einer Welt des so genannten Multitasking – wir müssen und sollen mehrere Aufgaben zur gleichen Zeit erledigen. Jede Erzieherin kennt die Situation, wenn sie mehrere Tage ihre Gruppe allein betreuen muss, weil ihre Kollegin krank ist und keine Vertretung gefunden wurde. Gezielte Projekt-Arbeit ist kaum möglich, weil die Anforderungen durch die Kinder und die organisatorischen Aufgaben kumulieren, ganz abgesehen von den persönlichen Bedürfnissen und Vorhaben. Diese Situation kostet Kraft und Energie und nachmittags oder abends sind da noch die Familie und der Haushalt. In einer solchen Situation hat sich die Anwendung des Prinzips der Achtsamkeit als sehr hilfreich erwiesen. Mit Achtsamkeit ist es möglich, dem Gefühl entgegenzuwirken, nur noch auf Anforderungen zu reagieren und hundert Dinge erledigen zu müssen. William Osler sagt hierzu: „Wenn die Bürde von morgen mit der von gestern getragen werden muss, wankt auch der Stärkste", und fügt hinzu: „Der Rettungsanker ist das Heute!" Er meint damit, die Aufgaben Schritt für Schritt zu bewältigen.

Wenn wir also eins nach dem andern tun, langsam und gleichmäßig, so wie die Körner durch die Sanduhr rinnen, wenn wir konzentriert und bewusst die anstehenden Aufgaben angehen, dann verringern wir unser subjektives **Stressgefühl**. Die Motivation, achtsam und aufmerksam zu leben sowie klar und zielbewusst zu handeln, reduziert oder verhindert den negativ empfundenen Stress, weil wir, um es mit Prof. Dr. Dr. Spitzer zu sagen, in einer Situation etwas tun können. „Wer hingegen nicht weiß, was auf ihn zukommt und die Situation nicht beeinflussen kann, der hat Stress."

> *„Das Leben, erkennen wir zu spät, muss gelebt werden, in jedem Augenblick des Tages und der Stunde."*
> STEPHEN LEACOCK

Bereits Theodor Fontane erkannte, dass in der Ruhe die Kraft liegt, und diese innere Ruhe und Kraft entwickelt sich durch die Konzentration auf die jeweilige Aufgabe, ohne dass wir dabei die nächste Aufgabe bereits gedanklich vorwegnehmen.

Achtsamkeit und Wertschätzung

„**Achtsamkeit** ist die **Wertschätzung** des Augenblicks", diese Erkenntnis beginnt immer bei der Person selbst und bei der Wertschätzung sich selbst gegenüber. Wer sich selbst wertschätzt, geht bewusster und würdevoller mit sich um, und damit ist auch die Wertschätzung der anderen und des Umfeldes lebbar. In diesem Zusammenhang wird auch das Prinzip der Lebenswerte des nächsten Kapitels bedeutsam – nämlich sich ein klares Wertebild darüber zu machen, was für uns richtig oder falsch, gut oder schlecht ist.

Wir haben immer die Chance, „unseren eigenen Garten nach unseren Vorstellungen zu pflegen“ und die Samen zu legen, die Wachstum und Reife ermöglichen. „Wer das Leben nicht genießt, der wird ungenießbar.“

Achtsamkeit zeigt sich auch gegenüber Objekten und Sachverhalten. Mit einer wertschätzenden Herangehensweise an unser Umfeld, fällt es leichter, sich das Leben zu erschließen und die Ereignisse und Handlungen zu verstehen. Dieser Prozess wird unterstützt durch einen angemessenen sprachlichen und körperlichen Ausdruck, z. B. durch:

- Eine Objektsprache, die für das Detail sensibilisiert, für alles, was Form und Inhalt hat – sei es der Blütenzauber der Natur, die Welt der Farben oder des menschlichen Körpers
- Eine Körpersprache, die im Einklang steht mit dem eigenen Denken und Fühlen, dem Wollen und Machen
- Die persönliche Art und Weise zu sprechen, die das rechte Maß findet und weiß, welche Wirkung sie erzielt.

Entwicklung der persönlichen Strategie

ÜBUNG

Standortbestimmung und Veränderung

Übung 1: Betrachten Sie Ihren Tagesablauf und machen Sie sich die Phasen bewusst, in denen Sie konzentriert und voller Aufmerksamkeit Ihren beruflichen und privaten Aufgaben nachgehen können. Reflektieren Sie ebenso die Phasen, in denen Sie mehrere Aufgaben zur gleichen Zeit erledigen müssen.

Übung 2: Woran liegt es, wenn Sie sich Ihren Aufgaben voll widmen können und was verhindert es, Ihre Aufgaben Schritt für Schritt mit Konzentration und Ruhe zu erledigen?

Übung 3: Welche Aufgaben führen Sie gern, welche ungern aus und was ist der Grund dafür?

Übung 4: Welche Tätigkeiten im Tagesablauf führen Sie routiniert aus und welchen Grad der Beachtung schenken Sie diesen Routinetätigkeiten?

Übung 5: Was lenkt Sie ab, Ihre Aufgaben voller Achtsamkeit zu erfüllen? Sind es äußere Einflüsse, wechselnde Gedanken, berufliche / private Probleme oder andere Einflüsse?

Übung 6: Glauben Sie, dass Sie mehrere Aufgaben gleichzeitig und gleichgut lösen können, wenn ja, in welchen Situationen?

Übung 7: Was denken Sie, wenn Sie am Morgen aufwachen? Notieren Sie Ihre Gedanken; trainieren Sie Ihre Achtsamkeit und machen Sie sich immer wieder Ihre Tätigkeiten bewusst. Achten Sie darauf, ob Sie z. B. das Essen genießen, ob Sie morgens mit Freude und nicht allein der Hygiene wegen duschen, ob Sie bewusst gehen oder ob Sie sich gehetzt fühlen.

Übung 8: Trainieren Sie Ihre Wahrnehmung, indem Sie den Weg zur Ihrer Arbeitsstätte beschreiben, indem Sie eine Nachrichtensendung oder ein wichtiges Gespräch protokollieren oder Gegenstände, Klänge und Düfte mit Ihren Worten darstellen.

Übung 9: Halten Sie drei Stichpunkte zum Thema fest, die Ihnen besonders wichtig sind.

Für die Umsetzung des Prinzips der Achtsamkeit im Alltag können die folgenden Überlegungen und Vorschläge hilfreich sein:

- „Carpe diem“ heißt „Nutze den Tag“; seien Sie aufmerksam bei allem, was Sie tun, und finden Sie sich ein im „Hier und Jetzt“
- Setzen Sie sich selbst Impulse: Schreiben Sie „Heute“ auf ein Blatt Papier, sodass Ihr Blick darauf fällt, wenn Sie am Morgen die Augen öffnen. So können Sie sich bewusst machen, voll und ganz bei sich und im Augenblick zu sein

- Beginnen Sie den Tag mit einem Frühstück, auch wenn Sie nur wenig Zeit haben; bereits wenige Minuten, die Sie sich in Ruhe gönnen, tragen zu einer „Entschleunigung“ bei. Das kann Ihr persönlicher „Gruß an die Morgendämmerung“ sein
- Ein Blick in den Spiegel macht uns bewusst, wie unser Gegenüber uns heute sieht. Dies ist eine Gelegenheit, Humor zu entwickeln und die Bedeutung der äußeren Ausstrahlung zu erkennen. Ein Lächeln kann eine positive Wirkung nach innen wie nach außen haben
- Fangen Sie an, sich nach innen wie nach außen Grenzen zu setzen. Sagen Sie nicht Ja, wenn Sie Nein meinen
- Organisieren Sie Ihren Tag so gut wie möglich und schreiben Sie die wichtigsten Schritte auf; diese Technik schult die Selbstdisziplin und Konzentration
- Belohnen Sie sich in Phasen, in denen Sie sich negativ gestresst fühlen; dies kann eine kleine Auszeit sein, die Sie auch an hektischen Arbeitstagen nehmen können: ein kurzer Spaziergang zum Durchatmen und Abstand nehmen, ein Capuccino im nahe gelegenen Café oder in der Kindertageseinrichtung, ein Gespräch mit einer vertrauten Person oder Kollegin.

1.3 Prinzip der Lebenswerte

Der Sinn des Lebens

„Ein Philosophieprofessor stand vor seinen Studenten und hatte ein paar Dinge vor sich liegen. Als der Unterricht begann, nahm er ein großes, leeres Mayonnaiseglas und füllte es bis zum Rand mit großen Steinen. Anschließend fragte er seine Studenten, ob das Glas voll sei. Sie stimmten ihm zu.

Der Professor nahm eine Schachtel mit Kieselsteinen und schüttete sie in das Glas und schüttelte es leicht. Die Kiessteine rollten natürlich in die Zwischenräume der größeren Steine. Dann fragte er die Studenten erneut, ob das Glas jetzt voll sei. Sie stimmten wieder zu und lachten. Der Professor seinerseits nahm eine Schachtel mit Sand und schüttete ihn in das Glas. Natürlich füllte der Sand die letzten Zwischenräume im Glas aus.

‚Nun', sagte der Professor zu seinen Studenten, ‚ich möchte, dass sie erkennen, dass dieses Glas wie ihr Leben ist. Die Steine sind die wichtigen Dinge im Leben: Ihre Familie, Ihr Partner, Ihre Gesundheit, Ihre Kinder. Dinge, die – wenn alles andere wegfiele und nur die übrig blieben – Ihr Leben immer noch erfüllen würden. Die Kieselsteine sind andere, weniger wichtige Dinge wie Ihre Arbeit, Ihre Wohnung, Ihr Haus oder Ihr Auto.

Der Sand symbolisiert die ganz kleinen Dinge im Leben. Wenn Sie den Sand zuerst in das Glas füllen, bleibt kein Raum für die Kieselsteine oder die großen Steine. So ist es auch in Ihrem Leben: Wenn Sie all Ihre Energie für die kleinen Dinge in Ihrem Leben aufwenden, haben Sie für die großen keine mehr. Achten Sie daher auf die wichtigen Dinge; nehmen Sie sich Zeit für Ihre Kinder oder Ihren Partner; achten Sie auf Ihre Gesundheit. Es wird noch genug Zeit geben für Arbeit, Haushalt, Partys usw. Achten Sie zuerst auf die großen Steine – sie sind es, die wirklich zählen. Der Rest ist nur Sand.'

Nach dem Unterricht nahm einer der Studenten das Glas mit den großen Steinen, den Kiesel und dem Sand – bei dem mittlerweile sogar der Professor zustimmte, dass es voll war – und schüttete ein Glas Bier hinein. Das Bier füllte den noch verbliebenen Raum im Glas aus: dann war es wirklich voll.

Die Moral von der Geschichte: Egal, wie erfüllt Ihr Leben ist, es ist immer noch Platz für ein Bier."

VERFASSER UNBEKANNT

Lebenswerte sind Leitlinien unserer Gedanken. Sie setzen die Segel in die gewünschte Lebensrichtung und halten uns auf Kurs. Werte sind abhängig von unserer jeweiligen Prägung und Kultur, wir definieren, was für uns einen Wert besitzt oder was wertlos ist.

Bischof Karl Lehmann definiert den Begriff Werte folgendermaßen: „Werte sind Leitlinien zur Orientierung des Menschen, die Handlungsziele vorgeben und für die Sinnbildung bedeutsam sind. Sie haben eine Führungsrolle im menschlichen Tun und Lassen inne, wo immer Menschen etwas wünschen oder wichtig finden als Personen, Stellung nehmen und Urteile aussprechen. Solche Werte müssen den Trägern keineswegs voll bewusst sein. Sie können in soziale Gewohnheiten, Normen und kulturelle Selbstverständlichkeiten eingelagert sein; sie können sich aber auch in Idealen und in Entwürfen einer individuellen und gesellschaftlichen Ethik niederschlagen. Werte sind in komplexer Weise auf Bedürfnisse hin orientiert."

Werte beschreiben das, was der Einzelne und die Gruppe für richtig oder falsch, gut oder schlecht, fair oder unfair halten. Sie beeinflussen den Prozess des Bewertens, Interpretierens und der Meinungsbildung. Gewöhnlich bewerten wir pauschal mit Äußerungen wie „ das ist mir sehr wichtig", „das mag ich gar nicht", „das finde ich schön" oder „das ist mit egal". Von solchen Bewertungen hängt ab, wie wir uns verhalten oder entscheiden. Hinter diesen eher pauschalen Aussagen stehen bestimmte Wertekategorien, z. B.:

- Moralische Werte wie Ehrlichkeit, Treue, Verantwortung
- Religiöse Werte wie Nächstenliebe, Gottesfurcht, Zehn Gebote
- Politische Werte wie Solidarität, Freiheit, Gleichheit
- Ästhetische Werte wie Schönheit, Kunst
- Materielle Werte wie Haus, Auto, Wohlstand
- Philosophische Werte wie Erkenntnis, Weisheit, Wahrheit
- Ökonomische Werte wie Produkte, Kapital, Leistungen
- Kulturelle Werte wie Tradition, Sitten, Gebräuche
- Biologische Werte wie Natur, ökologisches Gleichgewicht, Arterhaltung
- Juristische Werte wie Recht, Strafe, Schuld
- Psychologische Werte wie Selbstvertrauen, Ausgeglichenheit, Lebensfreude
- Pädagogische Werte wie Vorbild, Toleranz, Ordnung
- Künstlerische Werte wie Kreativität, Fantasie, Ausdruck.

Lebenswerte sind keine absoluten, für alle Menschen gleichermaßen gültigen und unveränderlichen Größen; sie ändern sich von Mensch zu Mensch, von Kultur zu Kultur und von Situation zu Situation – das ganze Leben über.

„Erziehung ist Vorbild und Liebe – sonst nichts!", sagte Pestalozzi. Und ein Vorbild verlangt nach einem Standort, nach Identität und Wesen. Welchen pädagogischen Standort habe ich, welche persönlichen Werte stehen dahinter und welche Werte will ich in der pädagogischen Arbeit vermitteln?

> *„Es kommt die Zeit, wo man seinen Kindern erklären muss, warum sie auf der Welt sind, und es ist etwas Wunderbares, wenn man den Grund dann weiß."*
> HAZEL SCOTT

Klare Wertvorstellungen, klare Lebensprinzipien und Visionen erleichtern den Umgang mit anderen und vor allem mit sich selbst; und sie wirken sich positiv auf die Vorbildwirkung den Kindern gegenüber aus. Überdies verleihen sie unserem Tun Sinn in einer immer komplexer werdenden Welt und unterstützen uns bei der Planung unserer persönlichen Lebensgestaltung.

Entwicklung der persönlichen Strategie

ÜBUNG

Standortbestimmung und Veränderung

Übung 1: Schreiben Sie auf, was Ihr Leben lebenswert macht.

Übung 2: Betrachten Sie die nachfolgenden Werte und kreuzen Sie die an, die Ihnen wichtig sind.

Abenteuer	☐	Bildung	☐	Familie	☐
		Charisma	☐	Finanzieller Gewinn	☐
Achtung der Menschenwürde	☐	Dankbarkeit	☐	Fitness	☐
Anerkennung	☐	Demokratie	☐	Fleiß	☐
Arbeit	☐	Der Beste sein	☐	Flexibilität	☐
Ästhetik	☐	Disziplin	☐	Freiheit	☐
Aufrichtigkeit	☐	Ebenbürtigkeit	☐	Freundlichkeit	☐
Ausgeglichenheit	☐	Effektivität	☐	Freundschaften	☐
Autarkie	☐	Effizienz	☐	Frieden	☐
Autonomie	☐	Egoismus	☐	Führung	☐
Autorität	☐	Ehre	☐	Geborgenheit	☐
Begeisterung	☐	Ehrlichkeit	☐	Gelassenheit	☐
Behaglichkeit	☐	Entschlossenheit	☐	Geld	☐
Bescheidenheit	☐	Exzellenz	☐	Gemeinschaft	☐
Beziehungen	☐	Fairness	☐	Genauigkeit	☐

- Genuss ☐
- Gerechtigkeit ☐
- Geselligkeit ☐
- Gesundheit ☐
- Gleichheit ☐
- Harmonie ☐
- Heiterkeit ☐
- Herausforderung ☐
- Herkunft ☐
- Hilfsbereitschaft ☐
- Hingabe ☐
- Höflichkeit ☐
- Identität ☐
- Individualität ☐
- Initiative ☐
- Integrität ☐
- Interessensausgleich ☐
- Intuition ☐
- Karriere ☐
- Kompetenz ☐
- Kontaktfähigkeit ☐
- Kontrolle ☐
- Konzentration ☐
- Kooperation ☐
- Kreativität ☐
- Kultur ☐
- Kunst ☐
- Lebensfreude ☐
- Lebenskraft ☐
- Leistung ☐
- Liebe ☐
- Loyalität ☐
- Macht ☐
- Mitgefühl ☐
- Mitverantwortung ☐
- Motivation ☐
- Mut ☐
- Natürlichkeit ☐
- Naturverbundenheit ☐
- Objektivität ☐
- Optimismus ☐
- Ordnung ☐
- Patriotismus ☐
- Perfektionismus ☐
- Persönlichkeit ☐
- Professionalität ☐
- Pünktlichkeit ☐
- Reichtum ☐
- Reinheit ☐
- Religion ☐
- Respekt ☐
- Ruf ☐
- Ruhm ☐
- Sachkenntnis ☐
- Schnelligkeit ☐
- Selbstachtung ☐
- Selbständigkeit ☐
- Selbstbehauptung ☐
- Selbstbewusstsein ☐
- Sicherheit ☐
- Solidarität ☐
- Sparsamkeit ☐
- Spaß ☐
- Spiritualität ☐
- Stärke ☐
- Status ☐
- Toleranz ☐
- Treue ☐
- Umweltbewusstsein ☐
- Verantwortung ☐
- Verständnis ☐
- Vertrauen ☐
- Wachstum ☐
- Wahrhaftigkeit ☐
- Wahrheit ☐
- Weisheit ☐
- Wettbewerb ☐
- Willenskraft ☐
- Wissen ☐
- Zärtlichkeit ☐
- Zielbewusstsein ☐
- Zufriedenheit ☐
- Zurückhaltung ☐
- Zuverlässigkeit ☐

Übung 3: Wählen Sie fünf zentrale Werte aus, auf die es in Ihrem Leben ankommt. Wenn es Ihnen Schwierigkeiten bereitet, Ihre fünf Lebenswerte zu finden, ist die Vervollständigung der folgenden Sätze hilfreich: „Ich möchte in einer Welt leben, die voll ist von ...“ und „Ich möchte folgende Dinge tun und an andere weitergeben ...“.

Übung 4: Betrachten Sie Ihre persönlichen fünf zentralen Werte und fragen Sie sich, inwieweit Sie diese bereits leben bzw. was geschehen muss, damit Sie Ihre Werte umsetzen können?

Übung 5: Reflektieren sie, inwieweit sich folgende vier Grundprinzipien in Ihrer Wertehierarchie widerspiegeln:

- Andere so zu behandeln, wie Sie selbst behandelt werden möchten
- Alles zu unterlassen, was für Sie selbst oder andere schädlich sein könnte
- Die Autonomie und die Ziele anderer Personen zu respektieren
- Das Wohlergehen anderer zu fördern.

Übung 6: Welche pädagogischen Werte hat Ihre Kindertageseinrichtung?

Übung 7: Wie lautet das Leitbild Ihrer Kindertageseinrichtung und deckt sich dieses Leitbild mit Ihren Werten?

Übung 8: Welche Werte waren Ihnen bei der Wahl des Berufes und der Kindertageseinrichtung wichtig? Decken sich Ihre damaligen Motive mit Ihren heutigen Vorstellungen?

Übung 9: Welche Lebensprinzipien haben Sie?

Übung 10: Reflektieren Sie Ihre Vorbildfunktion in der Kindertageseinrichtung.

Übung 11: Werte beeinflussen unser Verhalten, wie wir unsere Räume privat und im Beruf einrichten, wie wir uns kleiden und welche Produkte wir einkaufen. Welche Werte stehen hinter Ihren Entscheidungen?

Übung 12: Halten Sie drei Stichpunkte zum Thema fest, die Ihnen besonders wichtig sind.

Für die Umsetzung des Prinzips der Lebenswerte im Alltag können die folgenden Überlegungen und Vorschläge hilfreich sein:

- Die persönliche Wertehierarchie gibt Auskunft darüber, warum wir tun, was wir tun. Wenn das Warum klar ist, wird es leichter, eine Antwort darauf zu finden, wie wir etwas angehen wollen; wir ermitteln die Beweggründe für unser Handeln und entwickeln unsere Motivationsstrategie
- Bei der Auseinandersetzung mit den Lebenswerten fremder Kulturen können wir völlig neue Einsichten in andere Denk- und Verhaltensweisen ge-

winnen und wichtige Impulse für Alternativen, die uns persönlich und beruflich voranbringen

- Wenn Sie Sachverhalte oder Personen bewerten, machen Sie sich so konkret wie möglich klar, warum Ihnen z.B. eine Person unsympathisch ist oder Sie einen Sachverhalt ablehnen. Reflektieren Sie, ob das Aufeinanderstoßen von zwei Werteverständnissen der Grund für eine negative Bewertung sein kann und ob es möglich ist, dies positiv aufzulösen
- Stellen Sie sich bei Ihrem Tun die Frage: Was ist es mir wert? Bin ich bereit, den Preis für mein Tun oder Lassen zu bezahlen und die Konsequenzen zu tragen?

1.4 Prinzip der Visionen und Ziele

> ***Begeisterungsfähigkeit***
>
> *„Wenn Du begeisterungsfähig bist, kannst Du alles schaffen.*
> *Begeisterung ist die Hefe, die Deine Hoffnungen himmelwärts treibt.*
> *Begeisterung ist das Blitzen in deinen Augen,*
> *der Schwung Deines Schrittes, der Griff deiner Hand,*
> *die unwiderstehliche Willenskraft und Energie zur Ausführung deiner Ideen.*
> *Begeisterte sind Kämpfer.*
> *Sie haben Seelenkräfte.*
> *Sie besitzen Standfestigkeit.*
> *Begeisterung ist die Grundlage allen Fortschritts.*
> *Mit ihr gelingen Leistungen, ohne sie höchstens Ausreden."*
> *HENRY FORD*

Die Saat der persönlichen und unternehmerischen **Vision** entstammt den Werten. Die Kraft einer Vision ist das Beseeltsein von einer Idee, von einer tiefen inneren Überzeugung und von einem Traum. Eine Vision ist ein fester Glaube. Eine Vision ist ein tief im Herzen eines Menschen oder eines Systems verwurzeltes Ziel, das verwirklicht werden will. Visionen sind für den Menschen der Treibstoff für das gezielte Handeln; sie sind der Ursprung der Motivation. Visionen sind untrennbar mit Begeisterung, Leidenschaft, Vorstellungskraft, Traum und Überzeugungskraft verbunden.

Antoine de Saint-Exupéry fasst die Faszination der Vision und die Ableitungen davon so zusammen: „Willst du ein Schiff bauen, so rufe nicht Menschen zusammen, um Pläne zu machen, Arbeit zu verteilen, Werkzeug zu holen und Holz zu schlagen, sondern lehre ihnen die Sehnsucht nach dem endlosen Meer. Dann bauen sie das Schiff von alleine.“

Die Vision gibt ein großes **Ziel** vor; doch sie beschreibt nicht den Weg, der dorthin führt. Jedem Einzelnen und jedem Team bleibt es selbst überlassen, die Schritte zum Ziel einzuleiten. Die Vision ist deshalb so stark, weil sie das Herz des Menschen anspricht und seinem Handeln einen höheren Sinn gibt. Victor Hugo hat dies treffend formuliert: „Nichts auf der Welt ist so mächtig, wie eine Idee, die gekommen ist.“ Die Vision weckt Lebensfreude, Leidenschaft und Begeisterung. Sie macht euphorisch und erzeugt individuell und in der Gruppe kraftvolles Handeln, aus dem wiederum Synergien hervorgehen können.

Damit Visionen ihre motivierende Kraft entfalten können, müssen sie einfach und leicht verständlich einen Nutzen formulieren und ehrgeizig die Richtung für die Zukunft vorgeben. Auf den Punkt gebracht heißt Vision: Denke den Himmel, fühle die Erde, lebe die Welt. Die folgenden Visionen aus der jüngeren Zeitgeschichte geben ein Beispiel für die Kraft, die Begeisterung und Lebensfreude, die Visionen auslösen und welche enorme Wirkung sie nachsichziehen können:

- „I have a dream!“ (Martin Luther King)
- „Ein Computer auf jeden Schreibtisch und in jedem Haushalt!“ (Bill Gates)
- „Jetzt wächst zusammen, was zusammen gehört!“ (Willy Brandt)
- „If you can dream, you can get it!“ (Walt Disney)
- „Wir sind das Volk!“ (Teilnehmer der Montagsdemonstrationen in der DDR)

> *„Wenn das Leben keine Vision hat, nach der man strebt, nach der man sich sehnt, die man verwirklichen möchte, dann gibt es auch kein Motiv, sich anzustrengen.“*
> *ERICH FROMM*

Pädagogische Visionen und Ziele

Welche Bedeutung haben **Visionen** für die Praxis in Kindertageseinrichtungen? Die Konzeption der Einrichtung gibt mit der Formulierung ihres Leitbildes Aufschluss über die zukunftsgerichtete und motivierende Zielsetzung. Sinn und **Ziel** muss es sein, eine Perspektive zu entwickeln, für die sich das ganze Team einsetzen möchte.

Bei der Formulierung des übergeordneten Ziels müssen alle Kräfte einer Kindertageseinrichtung mitwirken, nur so können alle die Unternehmensphilosophie gemeinsam nach innen wie nach außen vertreten. Ein Team muss sich intern und in der Diskussion mit Eltern und dem Träger über seine elementarpädagogische Konzeption verständigen. Denn die konkrete Arbeit in den Gruppen und die Arbeit im Team brauchen eine klare Vision, sonst sind Konflikte vorprogrammiert. Hier kommt besonders der Leiterin einer Einrichtung eine wichtige Aufgabe zu, wenn es darum geht, Visionen zu formulieren und Werte in Teamarbeit umzusetzen.

> *„Wenn Du nicht weißt, wohin Du willst, dann musst Du Dich nicht wundern, wenn Du woanders ankommst."*
> *ROBERT MAGER*

Welche Vision, welche Mission und welche Werte kann das Unternehmen Kindertageseinrichtung repräsentieren? Eine allgemeingültige Vision hat Maria Montessori geprägt: „Hilf mir, es selbst zu tun." Ihre Vision ist nichts anderes als zu ermutigen, dem Entdeckergeist Raum zu geben; Werte wie Selbstverantwortung, Partizipation, Solidarität, Liebe und Freude drücken sich darin aus.

Ein weiteres Beispiel ist die Vision: „Vom Kinde aus – mit und durch uns." Daraus ergibt sich für Erzieherinnen der Auftrag, kindgerecht, bedürfniszentriert und partnerschaftlich zu arbeiten vor dem Hintergrund von Werten wie die Achtung der Würde des Kindes, Akzeptanz, Verantwortung, Solidarität, Partnerschaftlichkeit, Fantasie, Neugierde, Liebe und Lebensfreude.

Kindertageseinrichtungen, die bereits ihre Konzeptionen entwickelt und realisiert haben und nach Qualitätssicherungssystemen verfahren sowie ihre

Personalentwicklung konsequent und strukturiert umsetzen, arbeiten meist erfolgreich mit Zielvereinbarungen. Die Grundprinzipien dafür sind Vertrauen, Transparenz, Verantwortung und Feed-back. In dem Maße, in dem es jedem einzelnen Teammitglied gelingt, seine Vorbildfunktion individuell zu erfüllen, in dem Maße wird davon auch das gesamte Team profitieren.

Persönliche Visionen und Ziele

Zielsetzungen leiten sich von den **Visionen** und von den Werten ab. Sei es die berufliche Karriere oder eine Weltreise als großes **Ziel** – wir müssen wissen, welchen Kurs wir einschlagen möchten. Und wenn wir die Segel setzen, müssen wir auch genau planen, wie wir das Ziel erreichen wollen. Wir müssen unseren Plan auf unsere Potenziale und Ressourcen hin abstimmen und die einzelnen Schritte durch konsequentes Handeln realisieren. Dies schließt auch Fehler nicht aus: Wenn wir nicht punktgenau in den Hafen einlaufen, den wir uns vorgestellt hatten, so birgt dieser Prozess die Erkenntnis, dass der Weg das Ziel ist.

> *„Ein Ziel nicht zu erreichen, ist nicht schlimm. Schlimmer ist es, keine Ziele zu haben."*
> *NIKOLAUS ENKELMANN*

Für sich selbst Ziele zu entwickeln, um etwas Besonderes zu bewegen und zu schaffen, einen Lebenszweck zu finden, etwas wofür es sich lohnt, Zeit und Energie zu investieren – diesen Klärungsprozess können die folgenden Fragen unterstützen:

- Wie soll mein Leben in fünf oder zehn Jahren aussehen?
- Was will ich wirklich?
- Welche Schritte sind zu tun, um das, was ich will, auch zu erreichen?
- In welchem Zeitraum oder zu welchem Zeitpunkt will ich meine Ziele erreichen?
- Welche Prioritäten setze ich?
- Welche möglichen Fehler oder Unwägbarkeiten muss ich bedenken?

> *„Wer das Ziel kennt, kann entscheiden.*
> *Wer entscheidet, findet Ruhe.*
> *Wer Ruhe findet, ist sicher.*
> *Wer sicher ist, kann überlegen.*
> *Wer überlegt, kann verbessern.“*
> *KONFUZIUS*

Für die konkrete Definition der eigenen persönlichen und beruflichen Ziele haben sich die folgenden Grundsätze als hilfreich erwiesen. Ziele müssen:

- Schriftlich festgelegt werden, nur so sind sie konkret nachprüfbar und veränderbar
- Aktiv formuliert sein, motivieren und herausfordern
- Konkret sein, mit einem Zeitplan für die vorgesehenen Schritte und in kurz-, mittel- und langfristige Ziele unterschieden
- Nachvollziehbar, glaubhaft und erreichbar sein.

Träumen mit den Füßen in den Wolken ist schön, aber noch schöner ist es, die eigenen Vorstellungen und Träume zu leben – und dies ist nur durch Handeln möglich. Hierzu sind Verhaltensweisen notwendig wie:

- Selbstdisziplin
- Willenskraft
- Konzentration
- Konsequenz
- Mut
- Begeisterung
- Leidenschaft
- Freude
- Vertrauen
- Zuversicht
- Beharrlichkeit
- Durchsetzungskraft
- Flexibilität
- Toleranz gegenüber Fehlern
- Positives Denken.

> *„Ein brennender Wunsch würde Sie zwingen, alle Ihre Talente einzusetzen, alle Ihre Möglichkeiten und Ihre Energie auszuschöpfen, und diese auf einen schmalen Pfad auszurichten wie ein Lichtstrahl.“*
> *WALTER STAPLES, UNTERNEHMENSBERATER*

Entwicklung der persönlichen Strategie

ÜBUNG

Standortbestimmung und Veränderung

Übung 1: Welche grundsätzliche Idee, welche Lebens- oder berufliche Vorstellung treibt Sie persönlich an? Welchen Traum haben Sie, den Sie verwirklichen möchten?

Übung 2: Schreiben Sie Ihre einzelnen Schritte oder Ziele auf, die zur Verwirklichung Ihrer Lebensvorstellung oder Ihres Traums hinführen und gestalten Sie diese Punkte nach lang-, mittel- und kurzfristigen Zielen.

Übung 3: Haben Sie ein Lebensmotto und wenn ja, hilft es Ihnen bei der Verwirklichung Ihrer Lebensvision?

Übung 4: Welche Vision hat Ihre Kindertageseinrichtung, welche übergeordneten Zielsetzungen?

Übung 5: Arbeiten Sie in Ihrer Kindertageseinrichtung mit Zielvereinbarungen, wenn ja, sind sie mit dem Ergebnis zufrieden, wenn nein, was können Sie tun, um dies einzuführen?

Übung 6: Welcher Zukunftsplanung folgt Ihre Kindertageseinrichtung, werden Entwicklungsziele mit Zeitplan geplant, angegangen und auch geprüft?

Übung 7: Überlegen Sie sich, welche Personen Ihnen bei der Erreichung Ihrer Ziele behilflich sein können und welche Fähigkeiten, Kenntnisse, Erfahrungen, Informationen oder andere Voraussetzungen dafür erforderlich sind.

Übung 8: Wie viel Kraft und Energien möchten Sie zur Erreichung Ihrer Ziele investieren?

Übung 9: Halten Sie drei Stichpunkte zum Thema fest, die Ihnen besonders wichtig sind.

Für die Umsetzung des Prinzips der Visionen und Ziele im Alltag können die folgenden Überlegungen und Vorschläge hilfreich sein:

- Die Zielplanung ist ein Aktionsinstrument für den Einzelnen oder für eine Gruppe. Sie ist eine Vereinbarung mit sich selbst oder mit einem oder mehreren Partnern. Achten Sie darauf, ob Ihre Ziele von anderen Personen abhängig sind und wenn ja, ob Sie dennoch genügend Einfluss auf die Zielsetzung haben
- Halten Sie ihre Ziele schriftlich fest und hinterfragen Sie Ihre Motive. Formulieren Sie positiv und in der Gegenwartsform. „Ich gewinne" statt „Ich möchte gewinnen". Schreiben macht Ihr Denken sichtbar, es erhöht die Kraft für die Umsetzung Ihrer Ziele. Sie treffen eine schriftliche Vereinbarung mit sich selbst und dokumentieren, dass Sie Ihre Ziele ernsthaft erreichen wollen. Eine solche Vereinbarung erhöht die Verbindlichkeit, die Transparenz der Abläufe, die Nachprüfbarkeit, die Ernsthaftigkeit und gibt ein Feed-back für Geleistetes oder Unterlassenes
- Formulieren Sie Ihre Ziele ergebnis- und handlungsorientiert, gekoppelt mit einer Zeitangabe. Schreiben Sie in Ihren Zielformulierungen auf, was Sie konkret erreichen und verändern wollen wie „Ich entwickle einen Beobachtungsbogen für das motorische Verhalten meiner Gruppenkinder."
- Machen Sie Ihre Ziele überprüf- und messbar. Wenn Sie sich z. B. vornehmen, in einem Jahr mehr Einkommen zu erzielen, dann legen Sie die Höhe fest und definieren Sie die Schritte, wie Sie dies erreichen wollen
- Nehmen Sie sich 15 Minuten am Abend Zeit, um den Tag zu analysieren und den nächsten zu planen. Rechnen Sie mit unerwarteten Veränderungen und mit Fehlern und akzeptieren sie dies als etwas, das Sie weiterbringt, und als Lernprozess. Dies hilft, flexibel und aufgeschlossen zu bleiben
- Ziele erreichen zu wollen kann große Anstrengung, Ausdauer und Beharrlichkeit erfordern; das konkrete Bild eines Berggipfels, den man erreichen möchte, kann hilfreich sein.

1.5
Prinzip des positiven Denkens

> *„Das Gute in einem Menschen zu sehen heißt nicht, seine schwierigen Seiten oder sein schädigendes Verhalten zu ignorieren. Doch wir können diese Aspekte uneingeschränkt zur Kenntnis nehmen und trotzdem beschließen, uns auf das Positive zu konzentrieren. Betrachten wir dann seine negativen Charakterzüge oder Verhaltensweisen, tun wir es als Freund. Und wenn zwei Freunde solche schwierigen Dinge betrachten, stehen sie dabei Seite an Seite."*
> *SHARON SALZBERG*

Positives Denken ist eine bejahende Lebenseinstellung und eine optimistische Grundhaltung. Positives Denken ist das Vertrauen in das, was geschieht – im Guten wie im Schlechten. Positives Denken sucht die Lösung von Problemen konstruktiv. Ein optimistischer Mensch sieht sich vornehmlich als Teil der Lösung, nicht als Teil des Problems. Ausgangspunkt des positiven Denkens ist es, das Verhalten und die Verhältnisse zu akzeptieren, es ist eine positive Grundstimmung, die die selbstgestaltete Perspektive im Fokus hat. Der optimistische Mensch will Fortschritt, Bewegung und produktive Entwicklung. Dahinter steht nichts anderes als der feste Glaube an das Gute im Menschen, an das Gute in der Welt und im Leben. Dieser Glaube baut auf dem auf, was ist, und macht aus dem, was ist, das Beste.

> *„Es gibt Menschen, so strahlend, so gütig, so freudebringend, dass jeder unwillkürlich ihre Gegenwart als wohltuend empfindet. Wenn sie in ein Zimmer treten, so ist es gerade, wie wenn man eine Lampe hereingebracht hätte. Es ist die Wirkung reiner, großer, teilnahmsvoller und hilfsbereiter Gedanken, die in dem, der sie beständig hegt, bestimmte Eigenschaften hervorgebracht haben. Diese empfinden nun alle unwillkürlich, die mit ihm (ihnen) in Berührung kommen."*
> *RALPH WALDO TRINE*

Der indische Arzt und Yoga-Lehrer Selvarajan Yesudian beschreibt in seinem Text „Der Glaube" seine Grundhaltung wie folgt: „Glaube an alles, was du tust.

Nur dem Menschen, der an sich glaubt, öffnen sich die Türen aller Welten. Glaube ist gänzlicher Verlass auf den alles belebenden Geist. Wisse, dass du dieser Geist bist. Lass deine Taten von der Kraft des Geistes begleitet werden; sei es ein Gedanke, ein Wort oder eine Tat."

Unsere Gedanken und unser Glauben sind entscheidend für eine positive oder negative Sichtweise. So wie wir denken, so sind wir und es liegt in unserem Kopf oder besser, in unserem Herzen, in welche Fahrtrichtung wir unterwegs sind. „Optimisten weigern sich nicht, das Negative zur Kenntnis zu nehmen. Sie weigern sich lediglich, sich ihm zu unterwerfen", stellt Norman Vincent Peale treffend fest und meint damit das produktive Denken und lösungsorientiertes Handeln. Misserfolge, Niederlagen oder Fehler werden in diesem Zusammenhang als Herausforderung, als Chance und als Sensor für Veränderung verstanden. Positiv denken heißt daher nicht, sich seinem Schicksal zu ergeben und zu glauben, dass alles schon irgendwie gut wird. Positives Denken ist vielmehr die Zuversicht und die durch Handeln motivierte Hoffnung, die Ziele zu erreichen.

Positives Denken und eine optimistische Einstellung sind synonym zu einem Lebensverständnis, das Zuversicht mit Vertrauen und Lebensfreude verbindet, Glauben mit dem Willen zur Veränderung, Entschlossenheit mit Fortschritt und Initiative mit Selbstbewusstsein. Optimisten übernehmen eher Verantwortung, haben den Mut, etwas zu wagen und die Zuversicht, etwas leisten und schaffen zu können. Eine pessimistische Einstellung dagegen geht häufig mit Gedankenmustern einher wie „Das schaffe ich nicht ...", „Das geht bestimmt schief ..." oder „Wenn das mal stimmt..." Eine pessimistische Haltung erzeugt Unsicherheit, Verunsicherung und sorgenvolle, ängstliche Gefühle. „Der einzige Mist, auf dem nichts wächst, ist der Pessimist", sagte einmal der damalige Bundespräsident Theodor Heuss.

Der Unterschied zwischen Gewinnen-Wollen und Nicht-Verlieren-Wollen macht die optimistische oder pessimistische Lebenseinstellung deutlich. Jeder hat die Wahl, mit welcher inneren Einstellung er sich mental auf Lebenssituationen einstellt. Es kommt darauf an, sich klar zu machen, wer oder was uns beeinflusst und welche Einflüsse kommunikative Störungen sowie negative oder positive Gefühle hervorrufen. Eine intensive Ursachenforschung kann bewusst machen, welche Kraft die Gedanken haben und wie sehr sie das eigene Verhalten oder Handeln beeinflussen. Jeder Mensch verfügt über die Fähigkeit, seine Gedankenwelt zu steuern und zu gestalten. Und jeder kann diesen inneren Prozess, den inneren Dialog beeinflussen und trainieren. Es kommt also auf die Klarheit der eigenen Gedanken und Vorstellungen an.

> *„Das Glück deines Lebens hängt von der Beschaffenheit deiner Gedanken ab."*
> *MARC AUREL*

Eine bejahende Lebenseinstellung wirkt sich nicht nur auf den Erfolg oder Misserfolg eines Menschen aus. Die innere Einstellung zeigt sich auch in der Art, wie er kommuniziert. Eine zugewandte positive Einstellung sich selbst und anderen gegenüber wird sich förderlich auf das gesamtes Teamgefüge auswirken – Missverständnisse, Interpretationen und Verletzungen werden nicht vorkommen oder sind schnell geklärt. Wenn die eigene innere Einstellung dagegen mehr auf die Probleme als auf ihre Lösung fokussiert ist, dann kann eine als ungerecht empfundene Urlaubsplanung, dann kann eine fehlende Anerkennung für zusätzlich geleistete Arbeit oder eine als einseitig empfundene Delegation von Aufgaben ein Gemisch aus Konkurrenzdenken, Verletztsein, Neid- und Ohnmachtsgefühlen hervorrufen. Der Zusammenhang zwischen der inneren Einstellung, der Art, wie die Umwelt wahr- und aufgenommen wird sowie die Art der Kommunikation ist also sehr eng. Doch so mächtig die eigene Gedankenwelt im Negativen wirken kann – sie entfaltet ungeahnte Kräfte mit einer positiven Sicht.

> *„Nimm Dir Zeit, um nachzudenken; es ist die Quelle der Kraft.*
> *Nimm Dir Zeit, um zu arbeiten; es ist der Preis des Erfolges.*
> *Nimm Dir Zeit, um zu spielen; es ist das Geheimnis der Jugend.*
> *Nimm Dir Zeit, um zu lesen; es ist die Grundlage des Wissens.*
> *Nimm Dir Zeit, um fröhlich zu sein; es ist das Tor des Glücks.*
> *Nimm Dir Zeit, um zu träumen; es ist der Weg zu den Sternen.*
> *Nimm Dir Zeit, um zu lieben; es ist die wahre Lebensfreude.*
> *Nimm Dir Zeit, um froh zu sein; es ist die Musik der Seele."*
> *IRLAND, VERFASSER UNBEKANNT*

Entwicklung der persönlichen Strategie

ÜBUNG

Standortbestimmung und Veränderung

Übung 1: Finden Sie heraus, ob Sie sich eher als Teil von Problemen oder als Teil von Lösungen empfinden? Nehmen Sie Beispiele aus der Teamarbeit in der Kindertageseinrichtung und untersuchen Sie die Fragestellung anhand der Zeitdauer und Intensität, mit der Sie sich mit Problemen oder Lösungen beschäftigen.

Übung 2: Sind Sie ein eher optimistisch oder pessimistisch eingestellter Mensch? Ist Ihr Glas halbvoll oder halbleer? Welche Gründe könnte es dafür geben?

Übung 3: Haben Sie eine Lebensformel, die Sie den Kindern und Ihrem Umfeld vermitteln würden und wenn ja, ist sie positiv oder negativ begründet?

Übung 4: Stellen Sie dar, was in letzter Zeit für Sie problematisch war. Welche Lösung haben Sie gefunden bzw. gab es Alternativen zu dieser Lösung?

Übung 5: Machen Sie sich bewusst, welche Gedanken Sie am Morgen nach dem Aufwachen beschäftigen? Worauf konzentrieren sich Ihre Gedanken?

Übung 6: Welche positiven oder negativen Gedankenmuster haben Sie? Welche Gründe gibt es für das negative Denkmuster und wie können Sie Ihre positive Grundeinstellung verstärken?

Übung 7: Vertreten Sie Ihre grundsätzliche positive oder negative Lebenseinstellung als Vorbild für Ihr privates und berufliches Umfeld?

Übung 8: Halten Sie drei Stichpunkte zum Thema fest, die Ihnen besonders wichtig sind.

Für die Umsetzung des Prinzips des positiven Denkens im Alltag können die folgenden Überlegungen und Vorschläge hilfreich sein:

- Sagen Sie sich: „Ich kann es." Der Unterschied zwischen einem positiv und einem negativ denkenden Menschen ist weder ein Mangel an Stärke noch ein Mangel an Wissen, sondern es ist allein der Mangel an Glauben, an Willen, Disziplin und Vorstellungskraft
- Wer glaubt, dass er etwas schaffen kann oder nicht, hat in beiden Fällen Recht. Der Schriftsteller George Bernard Shaw sagt: „Manche Menschen sehen die Dinge, wie sie sind und fragen: Warum? Ich sehe die Dinge, wie sie nie waren, und frage: Warum nicht?" So wie wir denken, so verhalten wir uns. Es liegt in unserer Hand, die Gedanken in die von uns gewünschte Richtung zu lenken
- Negative Gedanken und Emotionen binden Kräfte und Energie. Sich immer wieder die eigenen Gedanken bewusst zu machen und zu fragen, ob sie uns und andere weiterbringen kann den Impuls geben, die Gedankenrichtung zu wechseln; und dies wiederum kann es möglich machen, zwischenmenschliche und sachliche Probleme schnell und konstruktiv zu lösen
- Achten Sie bei alldem, was Sie denken, sagen und tun, auf Authentizität, also darauf, dass Ihre Ziele mit dem verbalen und nonverbalen Verhalten übereinstimmen. Eine Differenz zwischen Wollen und Handeln zeigt sich darin, dass ein Teil von Ihnen etwas will und der andere Teil sich widersetzt
- Lebensfreude und Zuversicht wirken synergetisch und schaffen neue positive Zugänge und Ergebnisse. Stellen Sie sich vor, wie Sie Ihre positiven Gedanken verwirklichen, und fragen Sie sich, was Ihnen schlimmstenfalls passieren kann.

1.6
Prinzip der Kommunikation

> ***Die Allegorie der Frösche***
>
> *„Es war einmal eine Gruppe von Fröschen, die ein Wettklettern durchführen wollte. Ihr Ziel war es, die Spitze eines hohen Turmes zu erreichen. Viele Zuschauer hatten sich bereits versammelt, um diesen Wettlauf zu sehen und sie anzufeuern. Das Rennen konnte beginnen. Doch von den Zuschauern glaubte niemand so recht daran, dass die Frösche die Spitze des Turms erreichen könnten. Alles, was man hören konnte, waren Aussprüche wie: ‚Ach, wie furchtbar anstrengend', ‚Die werden sicher nie ankommen' oder ‚Das können sie gar nicht schaffen, der Turm ist viel zu hoch'.*
>
> *Einen Frosch nach dem anderen verließ die Kraft und nach und nach gaben alle auf bis auf einen, der kraftvoll weiter kletterte. Die Leute riefen weiter: ‚Das ist viel zu anstrengend, das kann niemand schaffen!' Doch der Frosch kletterte unbeirrt weiter bis er als Einziger den Gipfel des Turmes erreichte. Jetzt wollten die anderen Mitstreiter natürlich wissen, wie er das geschafft hatte. Sie fragten ihn und es stellte sich heraus: der Gewinner war taub!"*
>
> *VERFASSER UNBEKANNT*

Die **Kommunikation** ist Interaktion, sie wirkt auf den Menschen und umgekehrt. Ihr Ziel ist die Verständigung. Manchmal müssen wir jedoch erst einmal die Antwort hören, um zu wissen, was wir gesagt haben. Kommunikation ist immer Dialog. Das wichtigste Kommunikationsmittel ist die Sprache.

Die nonverbale Kommunikation verleiht den Gefühlen und dem Denken Ausdruck über die körperliche Haltung, die Mimik und die Gestik. Die nonverbale Kommunikation zeigt, ob das, was wir sagen, mit dem übereinstimmt, was wir fühlen und denken. Besteht zwischen der artikulierten Einstellung und dem Körperausdruck kein Widerspruch, dann wirkt ein Mensch echt und seine Kommunikation hat Aussicht auf Erfolg.

> *„Wenn die Sprache ungenau ist, stimmt das, was gesagt wird, nicht mit dem überein, was gemeint ist. Wenn aber das, was gesagt wird, nicht mit dem übereinstimmt, was gemeint ist, kann das, was getan werden soll, nicht durchgeführt werden."*
> *KONFUZIUS*

Die Objekt- und Raumsprache schließlich gibt Auskunft über unsere Kommunikations- und Lebenskultur, also darüber wie wir uns kleiden, unsere Räume einrichten, welche Produkte wir kaufen. Auch die Objekt- und Raumsprache hat eine Wirkung. Der Unternehmens- und Lebensberater Dale Carnegie fasst den Begriff der Kommunikation folgendermaßen: „Es gibt lediglich vier Möglichkeiten des Kontakts mit unserer Umwelt. Man schätzt uns danach ein, wie wir diese vier Kontaktmöglichkeiten nutzen: was wir tun, wie wir aussehen, was wir sagen und wie wir es sagen."

Menschen reagieren viel weniger auf das, was gesagt wird, als darauf, wie etwas gesagt wird. 80 Prozent unserer Kommunikation verläuft unbewusst. Sympathie und Antipathie werden beispielsweise nach den Signalen der Körpersprache entschieden, denn unser gesamtes Verhalten in zwischenmenschlichen Situationen liefert uns unbewusst Informationen. So versteht sich auch die Äußerung von Paul Watzlawik, dass der Mensch nicht nicht kommunizieren kann.

Das Kommunikationsquadrat

„Nicht was gesagt ist, ist wahr, sondern was ankommt, ist wahr: Die Botschaft entsteht beim Empfänger", stellt der Psychologe Friedemann Schulz von Thun fest. Er erklärt die Dimension der zwischenmenschlichen Kommunikation mit seinem **Kommunikationsquadrat** oder auch *Vier-Ohren-Modell.* Demnach hat jede Nachricht vier Aspekte, die vom Empfänger mit vier unterschiedlichen Ohren gehört, verstanden und aufgenommen werden (→ Abb. 1.2). Die bewusste und gezielte Auseinandersetzung mit den vier Seiten einer Nachricht ebnet den Weg für ein gelingendes Miteinander und sensibilisiert das Verhalten mit dem Ziel, in einer Sache voranzukommen.

Sachebene

Die Klärung des **Sachinhaltes** oder der Information, die einen Empfänger erreichen soll, ist außerordentlich wichtig. Gesprächsgegenstand kann z. B. die Vorbereitung eines Projekts zum Thema Gesundheit und Ernährung sein oder die Übertragung einer Aufgabe wie die Moderation eines Elternabends. Auf der Sachebene stehen der Wahrheitsgehalt und die Bedeutung einer Information im Vordergrund und die Frage, ob die Informationen ausreichend sind. Es ist hilfreich, wenn sich beide Gesprächspartner bewusst machen, ob und inwieweit ein Sachverhalt von der „Chemie" untereinander beeinflusst wird.

Beziehungsebene

In vielen Gesprächen ist die **Beziehungsebene** besonders wirksam. Unsere Körperhaltung, Mimik und Gestik zeigt unserem Gesprächspartner, wie wir zu ihm stehen. Es kommt also darauf an, wie wir etwas sagen und was wir nonverbal zeigen. Wenn der Empfänger der Botschaft mit einem besonders empfindsamen Beziehungs-Ohr hört, wird er daraus Schlussfolgerungen ziehen über die Beziehung. „Der Beziehungsaspekt ist dem Sachaspekt übergeordnet", stellt der Psychologe Paul Watzlawik hierzu fest und macht damit zugleich darauf aufmerksam, dass das Gesprächsklima den Erfolg oder Misserfolg einer zwischenmenschlichen Kommunikation entscheidend beeinflussen kann.

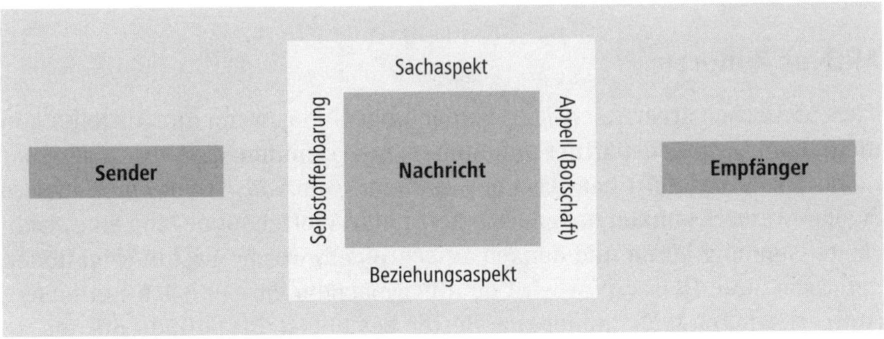

Abb. 1.1: **Kommunikationsquadrat**

> *„Die offene Kommunikation ist eine entscheidende Grundlage für den Erfolg, denn es wirkt immer die innere Einstellung."*
> *MANFRED CZIERWITZKI*

Selbstoffenbarung

Auf der Ebene der **Selbstoffenbarung** zeigt sich das Spektrum der gewollten, bewussten und der ungewollten, unbewussten Selbstdarstellung. Einerseits tun wir mit jeder Äußerung auch kund, was in uns vorgeht, andererseits können wir aber auch beeinflussen, wie wir nach außen hin wirken wollen. Eine strategisch kluge Wort- und Satzwahl und eine bewusste Entscheidung, welche Persönlichkeitsmerkmale nach außen transportiert werden sollen, können das Auftreten und die Kontaktaufnahme positiv gestalten. Dies macht eine gelingende Kommunikation wahrscheinlicher.

Appellseite

Der Appell zeigt die gewünschte Einflussnahme auf den Gesprächspartner. Der Gesprächspartner soll etwas tun oder unterlassen oder eine Erwartung erfüllen. Die Appelle können verbal und nonverbal, direkt oder indirekt übermittelt werden. Indirekte oder verdeckte Botschaften verschlechtern das Kommunikationsklima. Dazu zählen Aussagen wie „Die Getränke sind alle ...", „Im Gruppenraum zieht es ..." oder „Die Aufgabe wird schon jemand übernehmen ...". Es ist wichtig, Appelle stets direkt und klar auszusprechen, damit sie als Handlungsaufforderung verstanden werden können.

Aktives Zuhören

Viele Menschen ärgern sich oder werden ungeduldig, wenn ihre Mitteilungen nicht beim Gesprächspartner ankommen. Sie vermuten, dass ihr Gegenüber nicht richtig zugehört hat, dass er unaufmerksam war. Wir können unsere eigene Aufmerksamkeit testen, indem wir eine Viertelstunde lang eine Nachrichtensendung hören und danach aufschreiben, welche Sachinformationen geflossen sind. Dieser Test wird deutlich machen, dass es auch um unsere Aufmerksamkeit nicht immer zum Besten bestellt ist. Die Gründe, die uns ablenken und unaufmerksam sein lassen, sind individuell sehr unterschiedlich, doch hat Zuhören immer auch mit innerer Zuwendung zu tun. Das bedeutet,

Zuhören ist kein passiver Prozess, sondern verlangt Aktivität. Allein die Tatsache, dass wir in manchen Gesprächssituationen unaufmerksam sind, dass unserer innere Zuwendung manchmal zu gering ist, macht es deshalb nicht verwunderlich, dass Missverständnisse auftreten können, die letztlich nicht auf der Sachebene bleiben, sondern auf der Beziehungsebene ausgetragen werden. Deshalb ist es wichtig, das eigene Kommunikationsverhalten gut vorzubereiten.

Eine gute Methode ist das Prinzip des **Aktiven Zuhörens.** Sie verzichtet auf das Werten, auf das Deuten und auf Ratschläge. Beim Aktiven Zuhören wenden wir uns mit unserem verbalen und nonverbalen Verhalten mit voller Aufmerksamkeit unserem Gegenüber zu, dies bedeutet:

- **Einfühlsames Verhalten** – „Ich höre und sehe, was Du fühlst“ oder „Ich verstehe, wie Du die Dinge im Moment siehst.“
- **Vorurteilsfreies Verhalten** – „Ich fälle kein Urteil über Dich.“
- **Aufrichtiges Verhalten** – „Du brauchst keine Angst vor meiner Kritik zu haben.“

Kriterien für Aktives Zuhören

Aktives Zuhören ist der Schlüssel dafür, persönlich, partnerschaftlich, vertrauensvoll und motiviert zu handeln. Es ebnet den Weg für ein positives Gesprächs- und Arbeitsklima. Aktives Zuhören hilft, die Aufgaben fach- und sachbezogen zu erfüllen und verantwortungsvoll vorzugehen. Der Dichter Novalis sagt dies poetisch: „Sprechen und Hören ist Befruchten und Empfangen!“ Für ein impulsgebendes Zuhören sind die folgenden **Kriterien** hilfreich:

- Stellen Sie sich zuerst selbst vor
- Zeigen Sie Ihrem Gesprächspartner ein offenes und aufgeschlossenes Interesse
- Sehen Sie in den anderen einen Partner und Freund
- Fragen Sie andere nach deren Interesse und stellen Sie gemeinsame Interessen in den Vordergrund
- Versetzen Sie sich in die Lage des anderen, zeigen Sie Verständnis
- Gehen Sie auf andere offen und freundlich zu
- Beantworten Sie jede Frage
- Sprechen Sie Ihren Gesprächspartners oft mit dem Namen an

- Antworten und sprechen Sie nach dem Prinzip „Weniger ist mehr“
- Stellen Sie den anderen Fragen
- Überwinden Sie etwaige Hemmungen anderer und zeigen Sie einen aufgeschlossenen Blick
- Vertreten Sie Ihre Ansichten äußerst rücksichtsvoll
- Zeigen Sie Herzlichkeit
- Geben Sie wohlwollendes Feed-back zu dem Gespräch
- Treten Sie sicher und entspannt auf und bleiben Sie ruhig und gelassen
- Seien Sie optimistisch und tolerant
- Behalten Sie das, was Sie erfahren
- Seien Sie selbstkritisch
- Machen Sie Vorschläge
- Hören Sie gut zu.

Das Sieb des Sokrates

Um das Aktive Zuhören erfolgreich anwenden zu können, bietet das so genannte **Sieb des Sokrates** Hilfestellung. Wer Kritik vorbringen und dies anderen gegenüber zum Ausdruck bringen möchte, z. B. in einer Supervisionsstunde, der kann mit Hilfe der „drei Siebe“ vorher prüfen, ob seine Aussage diesem Prinzip standhalten würde:

- **Das Sieb der Wahrheit** – Ist das, was ich aussagen will, wirklich wahr? Verfüge ich für diese Aussage über genügend Informationen?
- **Das Sieb des Nutzens** – Nützt es der Person, die ich kritisieren will, und dem Team? Wird mit der Aussage die Arbeit in der Gruppe verbessert und die Teamarbeit gefördert?
- **Das Sieb der Liebe** – Sage ich es aus Liebe, weil ich meine Kollegin in ihrer Aufgabenwahrnehmung konstruktiv unterstützen will? Stehen andere Motive dahinter?

Das Sieb des Sokrates als zentrales Prinzip des kommunikativen Verhaltens formuliert einen Anspruch, den es in der Praxis zu erfüllen gilt. Konkret heißt das: nicht über Personen zu reden, mit denen wir uns nicht vorher angemessen über die Kritik ausgetauscht haben. Es ist sehr hilfreich, eine offene Kommunikation zu pflegen und die betreffende Person darüber zu informieren, dass die Kritik auch im Kollegium eingebracht wird. Dies verhindert, dass sich die Kolleginnen hinter dem Rücken der Betroffenen austauschen, was letztlich nur für Irritationen sorgt und das Arbeitsklima vergiften kann. Der Managementtrainer Jörg Löhr stellt hierzu treffend fest: „Kluge Köpfe sprechen über Ideen. Mittelmäßige über Vorgänge. Schwache über andere Menschen."

Regeln der Rhetorik

Um das Aktive Zuhören zu einer grundsätzlichen Einstellung im Umgang mit Menschen zu machen, sodass es unser verbales und nonverbales Verhalten wie selbstverständlich leitet, ist es nützlich, einige **Regeln der Rhetorik** zu beherzigen – sie unterstreichen unsere Ausdruckskraft, Gesprächsfähigkeit, Ausstrahlung und Überzeugungskraft:

- Bereiten Sie nach Möglichkeit jedes Gespräch vor, schreiben Sie sich Stichpunkte auf und gliedern Sie sie
- Reden Sie möglichst frei und orientieren sich am Roten Faden Ihrer Stichpunkte
- Formulieren Sie möglichst kurze Sätze und vermeiden Sie komplizierte Ausdrücke
- Wählen Sie eine anschauliche Sprache durch Vergleiche, Zitate oder Lebens- und Erfahrungsbeispiele
- Vermeiden Sie Superlative
- Sprechen Sie langsam, wählen Sie die richtige Betonung und legen Sie gezielt Sprechpausen ein
- Stellen Sie den Blickkontakt her
- Setzen Sie Ihre Körpersprache bewusst ein, unterstützen Sie zentrale Aussagen mit einer gezielten Körperhaltung und -bewegung
- Bringen Sie das beste Argument immer zum Schluss und verschießen Sie nicht gleich am Anfang Ihr Pulver
- Nutzen Sie gezielt Fragetechniken; wer fragt, der führt.

Instrumente der Kommunikation

Kommunikation ist prinzipiell ein Sich-Mitteilen mit dem Ziel der Verständigung. Dies führt zu der Fragestellung, welche weiteren **Instrumente der Kommunikation** zur Verfügung stehen und für die private und berufliche

Praxis eingesetzt werden können. Die folgenden Mittel unterstützen den Austauschprozess und machen die elementarpädagogische Arbeit transparenter und übersichtlicher:

- Interne Informationstafel für die Mitarbeiterinnen und den Träger
- Externe Informationstafel für die Kinder, Eltern und die Öffentlichkeit
- Persönliche Informationswege wie zum Beispiel Eltern- und Mitarbeiterbriefe
- Öffentliche Informationswege durch die Konzeption, Kindergarten-Zeitung, Presse, Flyer, Handzettel, Plakate, Internet- und Emailnutzung
- Dienst- und Teambesprechungen, in denen die vom Team entwickelten Kommunikationsregeln beachtet werden
- Arbeiten nach Zielvereinbarungen und regelmäßiges Überprüfen der Ziele
- Telefonkontakt
- Besprechungsräume und -zeiten
- Anwenden von Moderationsmethoden wie das Visualisieren von Gesprächs- und Arbeitsergebnissen an einer Wand.

Die Art und Weise der Kommunikation beeinflusst die eigene Motivation und die Motivation des Teams und damit die Produktivität aller Mitarbeiterinnen. Das Prinzip „Weniger ist mehr“ fördert den kommunikativen Prozess; häufiges Wiederholen von Beiträgen und ausufernde Reden schaden. Oder um es mit Karl Valentin zu sagen: „Es ist schon alles gesagt, nur noch nicht von allen.“ Und Johann Wolfgang von Goethe findet hierauf seine eigene Antwort: „Getretener Quark wird breit, nicht stark!“.

Entwicklung der persönlichen Strategie

ÜBUNG

Standortbestimmung und Veränderung

Übung 1: Wie sieht Ihr verbales und nonverbales Kommunikationsverhalten aus? Schreiben Sie Stichpunkte auf und suchen Sie nach Gründen für Ihre Verhaltensweisen. Folgende Fragen können helfen: Wie begrüßen Sie die Menschen in ihrem Umfeld am Morgen? Wie sprechen Sie sie an, wie ist Ihre Körperhaltung, haben Sie Blickkontakt? Wie fest ist Ihr Händedruck?

Übung 2: Fragen Sie Ihren Partner oder Ihre Freunde, wie sie ihr kommunikatives Verhalten wahrnehmen und worin sie die Gründe sehen?

Übung 3: Vergleichen Sie die Antworten aus Übung 1 und 2; machen Sie sich die unterschiedlichen Darstellungen und Begründungen klar.

Übung 4: Gibt es Punkte in Ihrem kommunikativen Verhalten, die Sie verändern wollen?

Übung 5: Wie wünschen Sie sich Ihr Auftreten im Rahmen der pädagogischen Arbeit vor den Kindern, vor den Eltern, vor den Kolleginnen und vor dem Träger?

Übung 6: Beobachten Sie im privaten und beruflichen Bereich, inwieweit die Wahl Ihrer Worte mit Ihrer körperlichen Haltung, mit Ihrer Mimik und Gestik übereinstimmen? Spielen Sie in der Ausübung Ihres Berufs eine Rolle, wenn ja, worin unterscheidet sie sich von ihrem privaten Verhalten, ist sie kompatibel mit Ihrer Grundeinstellung?

Übung 7: Mit welchen Gesprächssituationen haben Sie in Ihrer privaten und beruflichen Praxis häufig zu tun? Gibt es Situationen, mit denen Sie anders umgehen möchten, wenn ja welche und wie?

Übung 8: Machen Sie sich bewusst, ob und wie Sie über andere sprechen und mit wem.

Übung 9: Reflektieren Sie die Kommunikation in Ihrer Tageseinrichtung: Ist sie transparent, gibt es Regeln im Umgang miteinander, z. B. im Rahmen der Teambesprechungen, der Elternabende und der Gruppenarbeit?

Übung 10: Trainieren Sie Ihr Namensgedächtnis; konzentrieren Sie sich auf Namen und bringen sie sie mit Bildern, Eigenschaften und besonderen Details in Verbindung.

Übung 11: Halten Sie drei Stichpunkte zum Thema fest, die Ihnen besonders wichtig sind.

Für die Anwendung des Prinzips der Kommunikation im Alltag können die folgenden Fragetechniken aufschlussreich sein:

- **Informationsfragen** befassen sich ausschließlich mit dem Sachverhalt
- **Kontroll-Fragen** oder **Feedback-Fragen** sind dem Prinzip des Aktiven Zuhörens zuzuordnen: „Wie stehen Sie zu dem Sachverhalt?“ oder „Was meinen Sie dazu?“. Dies dokumentiert das Interesse an der Meinung von Personen und vor allem ihre Wertschätzung
- **Orientierungsfragen** klären ab, ob vorgetragene Gesprächs- und Redeelemente von den anderen verstanden worden sind und ob weitere Beiträge für das Verständnis hinzuzufügen sind: „Haben Sie noch eine Frage hierzu?“ oder „Haben Sie weitere Hinweise oder Ergänzungen zu meinen Ausführungen?“
- **Zustimmungs- oder Ja-Fragen** haben suggestive, beeinflussende Wirkung, die zum einen die Aufmerksamkeit des Gesprächspartners konzentriert und zum anderen ihn geschickt in die gewünschte Richtung führt: „Ich bin sicher, dass Sie mir hier zustimmen?“ oder „Ich denke, Sie unterstützen mein Anliegen?“
- **Optionale Fragen** oder **Alternativfragen** erhöhen die Teilhabe und Mitverantwortung der anderen an Prozessen; darin zeigt sich insbesondere die Wertschätzung der anderen Person, die Gelegenheit zur Mitgestaltung bekommt: „Welcher Besprechungstermin würde Ihnen am Besten gefallen?“ oder „Welche Räumlichkeiten wären für die Umsetzung unseres Projekts geeignet?“
- **Bestätigende Fragen** verbessern das Gesprächsklima und das Aktive Zuhören. Sie klären zudem ab, ob die Äußerungen der anderen Person verstanden und richtig wiedergegeben wird: „Gut, dass Sie mir diese Frage stellen.“ oder „Mit Ihrer Frage nach den Schwerpunkten unserer Arbeit zeigen Sie Ihr großes Interesse an unserem Arbeitsverständnis und an unserer praktischen Arbeit.“
- **Fragen zur Eröffnung eines Gesprächs**, einer Rede oder einer Verhandlung steigern das Interesse und die Aufmerksamkeit der anderen Personen. Sie machen neugierig und öffnen zudem die Bereitschaft, an einer Aufgabe mit zu arbeiten: „Wenn ich Ihnen eine Lösung für Ihr Problem anbiete, haben Sie fünf Minuten Zeit für mich?“ oder „Steigen Sie mit ein, wenn Sie mit Ihrem Anliegen weiterkommen?“

- **Öffnende Fragen** weisen auf das Interesse des Fragenden an der anderen Person hin und ermöglichen eine ausführliche Antwort, die umfassende Informationen über die geleistete und zu leistende Aufgaben gibt: „Wie sind Sie mit Ihrer Aufgabe zufrieden?“ oder „Welche Punkte sind Ihnen wichtig bei der Gestaltung unseres Festes?“
- **Fragen zum Abschluss des Gesprächs** unterstreichen die Richtigkeit oder den Veränderungswunsch der anderen Person und fassen das Ergebnis zusammen: „Haben wir Sie überzeugen können von unserem Angebot?“ oder „Haben Sie sich überzeugt, dass ...?“
- **Provozierende Fragen** können im Sinne einer Sensibilisierung für einen Sachverhalt oder ein Verhalten sehr sinnvoll sein und produktive Ergebnisse hervorrufen: „Glauben Sie wirklich, dass unsere Elternarbeit eher passiv als aktiv ist?“ oder „Sind Sie wirklich davon überzeugt, dass Ihr Kind die Einrichtung wechseln sollte?“.

1.7 Prinzip des Zeitmanagements

Zeit

„Ich wünsche Dir nicht alle möglichen Gaben,
ich wünsche Dir nur, was die meisten nicht haben;
ich wünsche Dir Zeit, sich zu freuen und zu lachen,
und wenn Du sie nutzt, kannst Du was draus machen.

Ich wünsche Dir Zeit für Dein Tun und Dein Denken,
nicht nur für Dich selbst, sondern auch zum Verschenken.
Ich wünsche Dir Zeit – nicht zum Hasten und Rennen,
sondern die Zeit zum ‚Zufriedensein‘ können.

Ich wünsche Dir Zeit – nicht nur so zum Vertreiben.
Ich wünsche, sie möge übrig bleiben,
als Zeit für das Staunen und Zeit für Vertrauen,
anstatt nach der Zeit auf die Uhr zu schauen.

> *Ich wünsche Dir Zeit, nach den Sternen zu greifen,*
> *und Zeit, um zu wachsen, das heißt, neu zu reifen.*
> *Ich wünsche Dir Zeit, neu zu hoffen, zu lieben.*
> *Es hat keinen Sinn, diese Zeit zu verschieben.*
>
> *Ich wünsche Dir Zeit, zu sich selbst zu finden,*
> *jeden Tag, jede Stunde als Glück zu empfinden.*
> *Ich wünsche Dir Zeit, auch um Schuld zu vergeben.*
> *Ich wünsche Dir: Zeit zu haben zum Leben!"*
>
> *VERFASSER UNBEKANNT*

Die Zeit ist ein kostbares Gut, sie ist für viele Menschen eine äußerst knappe Ressource. In der heutigen Gesellschaft ist es für viele Menschen wichtig, ihre Aufgaben rasch voranzutreiben und möglichst schnell von A nach B zu kommen; je schneller desto erfolgreicher, frei nach dem Motto: „Wer nicht mit der Zeit geht, geht mit der Zeit." Schnelligkeit und Beschleunigung sind Begleiterscheinungen des Fortschritts: Die mediale und technische Entwicklung ist rasant und täglich strömen ungezählte Reize auf uns ein. Vor diesem Hintergrund hat sich auch das Leben vieler Kinder gewandelt. Auch für sie ist ein Mangel an frei verfügbarer Zeit bereits Realität, denn nach dem Besuch der Kindertageseinrichtung oder der Schule absolvieren sie noch zahlreiche Termine.

Effektiv und effizient mit ihrer Zeit umzugehen, das beschäftigt viele Menschen, obwohl dies rein sprachlich betrachtet gar nicht möglich ist: Wir können nicht mit der Zeit *umgehen,* sondern nur *in der Zeit sein.* Und die Art und Weise, wie wir dieses In-der-Zeit-sein empfinden, ist entscheidend dafür, ob wir z. B. einen Zeitdruck empfinden und durch den Alltag hetzen oder ob es uns gelingt, uns nicht hetzen zu lassen, uns zu „entschleunigen".

> *„Wer keine Zeit hat, tut am Wenigsten!"*
>
> *CHRISTOPH LICHTENBERG*

Vor diesem Hintergrund ist es hilfreich, sich bewusst zu machen, dass wir nicht mehrere Dinge zur gleichen Zeit und gleich gut erledigen können. Deshalb muss der, der es eilig hat, langsamer gehen, um erfolgreich zu seinem Ziel zu gelangen. Denn erst wenn es gelingt, sich auf eine Aufgabe zu konzentrieren und sie Schritt für Schritt umzusetzen, dann ist Qualität möglich und es können auch quantitativ bessere Ergebnisse erzielt werden.

Die folgende Episode macht den Sachverhalt deutlich: Eines Tages war Till Eulenspiegel unterwegs. Auf schlechter Wegstrecke wurde er von einer Kutsche überholt. Der Kutscher hatte es sehr eilig und fragte Till Eulenspiegel: „Wie weit ist es bis zur nächsten Stadt?“ Till Eulenspiegel antwortete: „Wenn Ihr langsam fahrt, eine halbe Stunde, wenn Ihr schnell fahrt, einen halben Tag, mein Herr.“ „Du Narr!“, schimpfte der Kutscher unwirsch und trieb seine Pferde an. Nach einer Stunde traf Till den ungeduldigen Kutscher wieder. Er schimpfte und fluchte, denn seine Kutsche lag im Graben. „Sagte ich es nicht“, meinte Eulenspiegel, „wenn Ihr langsam fahrt, eine halbe Stunde ...“.

Viele Menschen spielen das Spiel der Beschleunigung mit und feiern ihre kleinen Triumphe des vermeintlichen Zeitgewinns, wenn sie z. B. der langen Schlange an der Kasse zuvorkommen oder andere mit dem Auto überholen, nur um sich zwei Autos weiter vorne wieder einzureihen. Wenn wir uns von der allgemeinen Hektik und alltäglichen Geschäftigkeit nicht beeinflussen lassen wollen, wenn wir uns nicht von einer inneren Unruhe antreiben lassen wollen, kann es nützlich sein, eine Partnerschaft mit der Zeit einzugehen – und zwar in dem Sinne, nicht Zeit zu sparen, sondern jeden Moment konzentriert und bewusst wahrzunehmen, jeden Moment zu genießen und auszukosten, so schwierig und hektisch die aktuelle Situation auch scheinen mag.

Robert Walsers Erkenntnis – „Alles Schöne und Gute scheitert an der Unruhe“ – gibt einen klaren Impuls dahingehend, dem Gefühl, in der Zeit *zu sein,* mehr Raum zu geben, damit ein Innehalten und Sich-Besinnen auf das Eigentliche möglich ist. Hier ist Zeitmanagement von großem Nutzen.

Lernprozess Zeitmanagement

Zeitmanagement heißt nichts anderes als Prioritäten zu setzen und Wichtiges von Unwichtigem zu trennen. **Zeitmanagement** ist ein permanenter **Lernprozess,** sich klar und unmissverständlich zu artikulieren und z. B. nicht Ja zu sagen, wenn ein Nein gemeint ist. Mit den folgenden Übungen können Sie herausfinden, was Ihnen wichtig ist und ob bzw. wo Sie andere Schwerpunkte setzen wollen.

ÜBUNG

Tagesablauf analysieren

Machen Sie sich Ihren Tagesablauf bewusst. Tragen Sie in den jeweiligen Kreis die ungefähren Relationen der Aufgaben im Beruf und im Privatleben ein, z. B. sieben Stunden Schlaf, eine Stunde Frühstück. Entwickeln Sie hieraus Ihre Veränderungsstrategie und halten Sie die Punkte schriftlich fest, die Sie verändern wollen.

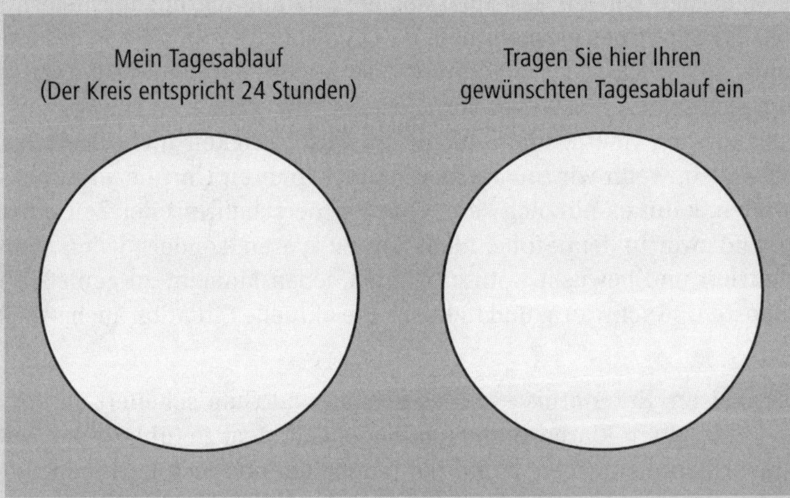

Beachten Sie Ihre Tagesrhythmen, die Sie einhalten wollen und benötigen. Reservieren Sie für sich wiederkehrende Zeiträume, die nur für Sie da sind.

Schaffen Sie sich ebenso einen grundlegenden Überblick über Ihre Zeitgestaltung innerhalb der Woche und des Monats. Analysieren Sie die Situation im Sinne eines gesteuerten Zeitmanagement, sodass Ihnen mehr Freiräume als bisher zur Verfügung stehen. Dies kann auch heißen, dass Sie Ihr berufliches und privates Umfeld stärker in die Übernahme von Aufgaben einbeziehen. Ihr Zeitmanagement kann dazu führen, dass z. B. aus dem „Hotel Mama“ ein Familien-Team wird.

ÜBUNG

Wochen- und Monatsablauf analysieren

Analysieren Sie Ihre Zeitgestaltung und fragen Sie sich, inwieweit es Ihnen bereits gelingt, folgende Lernprozesse zu verwirklichen:

- Nein zu sagen
- Loszulassen
- Aufgaben zu delegieren
- Grenzen zu setzen
- Diszipliniert und konzentriert zu handeln
- Sich kürzer zu fassen
- Die eigenen Interessen durchzusetzen und zu verwirklichen
- Geduld zu üben
- Unangenehmes sofort zu erledigen
- Mit Kritik positiv umzugehen und Kritik aus zu halten
- Prioritäten zu setzen.

Gelungenes Zeitmanagement hängt nicht nur von einer guten Zeiteinteilung ab, sondern es steht auch in engem Zusammenhang mit dem individuellen Grad des „Sich-gestresst-Fühlens“, als mit der Art und Weise, wie wir mit dem inneren Zeitdruck umgehen.

ÜBUNG

Inneren Zeitdruck ermitteln

Prüfen Sie anhand der Checkliste, ob Sie von Hektik und Rastlosigkeit betroffen sind:

- Der Tag könnte 30 Stunden haben
- Ich beeile mich, um mich als Erster an der Schlange zu positionieren, auch wenn es nicht darauf ankommt
- Ich unterbreche meine Gesprächspartner oder führe deren Sätze zu Ende
- Ich treibe die Kinder meiner Gruppe, meine eigenen Kinder und meinen Partner zu Eile an
- Ich mache gern mehrere Dinge gleichzeitig, z. B. arbeite ich an meinem PC weiter, während ich telefoniere
- Ich fahre sehr gern schnell Auto und auf der Überholspur. In der Regel überschreite ich die zulässige Geschwindigkeit um mindestens 10 km/h
- Auf die Bedienung in einem Restaurant warte ich nicht länger als fünf Minuten
- Ich muss immer in Bewegung sein und mich beschäftigen.

Wie viele Punkte treffen auf Sie zu und welche Gründe sehen Sie für Ihre Haltung? Prüfen Sie, inwieweit Sie dem entgegenwirken wollen. Innerem Zeitdruck können Sie beispielsweise mit einem Ausgleichsprogramm entgegenwirken wie Sport treiben, Entspannungs- oder Meditationskurse sowie Weiterbildungskurse besuchen.

Entwicklung der persönlichen Strategie

ÜBUNG

Standortbestimmung und Veränderung

Übung 1: Führen Sie regelmäßig eine Zeitplanung durch; welche Kriterien erscheinen Ihnen für die Zeiteinteilung wichtig?

Übung 2: Glauben Sie, dass wir den Begriff Zeit erklären können? Unternehmen Sie den Versuch; zu welchem Ergebnis kommen Sie?

Übung 3: Unter welchen Bedingungen ist konzentriertes pädagogisches Arbeiten in Kindertageseinrichtungen für Sie möglich? Welche Störfaktoren verhindern oder erschweren dies?

Übung 4: Strahlen Sie im Beruf eher Ruhe und Kraft aus oder stecken Sie Ihr Umfeld eher durch ungeduldiges, unruhiges oder unausgeglichenes Verhalten an? Wenn ja, welche Gründe liegen hierfür vor?

Übung 5: Lassen Sie sich während Ihrer Vorbereitungszeit für ein Projekt oder für eine Veranstaltung von außen stören? Mit welcher Strategie können Sie ein permanentes Stören des Arbeitsprozesses verhindern?

Übung 6: Halten Sie drei Stichpunkte zum Thema fest, die Ihnen besonders wichtig sind.

Für die Umsetzung des Prinzips des Zeitmanagements im Alltag können die folgenden Überlegungen und Vorschläge hilfreich sein:

- Setzen Sie Prioritäten und erledigen Sie zuerst die Dinge, die am Wichtigsten sind und von denen viel abhängt. Unterscheiden Sie nach Dringlichkeit und Wichtigkeit. Aufgaben der Dringlichkeitsstufe A müssen Sie sofort erledigen. Dringlichkeitsstufe B ist zwar wichtig, aber nicht dringend, und kann daher zeitnah realisiert werden und Dringlichkeitsstufe C heißt nicht wichtig und kann auch mittelfristig erledigt werden. Dringlichkeitsstufe D heißt: ab in den Papierkorb. Fertigen Sie sich ein Raster mit vier Quadraten, in das Sie die anstehenden Aufgaben nach Dringlichkeitsstufe eintragen; notieren Sie ebenso Ihre persönlichen Prioritäten, z. B. mindestens 30 Minuten Fitness oder Bewegung am Tag. Die Pflege des privaten Umfelds ist die Voraussetzung ist für ein ausgeglichenes und erfolgreiches Arbeiten

- Fassen Sie Ihre Zeitdiebe und finden Sie heraus, für welche Aufgaben Sie am meisten Zeit brauchen. Was ist verantwortlich für diesen Zeitbedarf? Teilen Sie gegebenenfalls Ihre Zeit anders ein, um mehr Zeit für sich und für die Aufgaben zu haben, denen Sie intensiver nachgehen wollen. Planen Sie z. B. Ihre Gespräche mit Eltern, mit Kolleginnen zeitlich vor, führen Sie das Gespräch ziel- und ergebnisorientiert durch und beenden Sie gegebenenfalls langatmige Gesprächssituationen durch einen freundlichen Hinweis
- Beachten Sie Ihre persönliche Leistungskurve. Liegt ihr Leistungshoch in der Vormittagszeit, so erledigen Sie dann die dringendsten Aufgaben, die volle Konzentration erfordern. Planen Sie gezielt Ihre Ruhephasen und machen Sie dies im Rahmen der Dienstbesprechung transparent
- Richten Sie sich einen Zeitplaner für Ihre Termine und Aufgaben ein. Erledigen Sie Ihre Planung schon am Vorabend. Hierfür benötigen Sie nicht mehr als 15 Minuten. Das Unterbewusstsein stellt sich auf die Planung ein, so sind Sie am nächsten Morgen optimal eingestellt und müssen sich nicht schon nach dem Aufstehen Gedanken machen
- Teilen Sie sich Ihre Aufgaben in so genannte Arbeitsblöcke ein. Unterscheiden Sie dabei zwischen großen und kleineren Aktivitäten, die Sie bündeln und in einem Arbeitsblock zusammenführen können. Für die größeren Arbeitsblöcke wie die umfassende Planung und Durchführung von gruppenübergreifenden Projekten nutzen Sie mehr Zeit und Energie. Dies führt zu einem effektiven und effizienten Arbeiten, das Ihnen mehr Spielräume verschaffen kann
- Entwickeln Sie für sich ein tägliches Belohnungssystem, das Sie für die Fortführung Ihrer Aufgaben aufbaut und die Motivation aufrechterhält. Belohnen Sie sich zum Beispiel mit regelmäßigen Pausen, die Sie für einen kurzen Spaziergang, für einen Kaffee oder für ein persönliches Gespräch nutzen. So gewinnen Sie Abstand von der Alltagshektik oder Geschäftigkeit
- Übertragen Sie als Leiterin Verantwortung und delegieren Sie Aufgaben. So fördern Sie das Vertrauen in Ihre Mitarbeiterinnen und zugleich de-

ren Selbstbewusstsein. Ihr Zeitbudget wird auf diese Weise optimiert, sie können sich auf ihre Stärken konzentrieren und die Dinge erledigen, die Sie gut können

- Bilanzieren Sie Ihren Umgang mit der Zeit. Klären Sie am Ende des Arbeitstages, was Sie in Zukunft verstärken und worauf Sie verzichten wollen. Mit der Erkenntnis: „Es ist nicht wenig Zeit, die wir haben, sondern es ist viel Zeit, die wir nicht nützen", macht Seneca den Unterschied deutlich.

> *„Könnte ich mein Leben noch einmal von vorn beginnen, würde ich versuchen, mehr Fehler zu machen, ich würde alberner sein, würde ganz locker werden, nur noch ganz wenige Dinge ernst nehmen, ich würde entschieden verrückter sein und weniger reinlich, ich würde mehr Gelegenheiten beim Schopfe ergreifen und öfters auf Reisen gehen, ich würde mehr Berge ersteigen, mehr Flüsse durchschwimmen und mehr Sonnenaufgänge auf mich wirken lassen, ich würde mehr echte Probleme und weniger eingebildete Nöte haben. Nun – ich habe meine verrückten Augenblicke, aber wenn ich noch einmal von vorn anfangen könnte, würde ich mehr verrückte Augenblicke haben – genau gesagt: Augenblicke einen nach dem andern und nichts mehr von Plänen zehn Jahre voraus."*
>
> *JORGE LUIS BORGES*

1.8 Prinzip der Kreativität

> *„Als ich ein Kind war, sagte meine Mutter zu mir:*
> *Wirst Du Soldat, so wirst Du General werden.*
> *Wirst Du Mönch, so wirst Du Papst werden.*
> *Ich wollte Maler werden und bin Picasso geworden."*
>
> *PABLO PICASSO*

Kreativität ist der Farbtupfer des Lebens. Sie ist die Schöpferkraft, die Neues entdeckt. Der Begriff Kreativität kommt vom lateinischen „creare" und bedeutet: „erschaffen oder hervorbringen". Der *Brockhaus* definiert Kreativität als „schöpferisches Vermögen, das sich im menschlichen Handeln und Denken realisiert und einerseits durch Neuartigkeit oder Originalität gekennzeichnet ist, anderseits aber auch einen sinnvollen und erkennbaren Bezug zur Lösung technischer, menschlicher und sozialpolitischer Probleme aufweist".

Kreativität ist Wachstum, sie ist die „Wundertüte des Lebens", die das Selbstbewusstsein und das Selbstvertrauens ausformt und stärkt. Die in allen Menschen innewohnende Kreativität will wach geküsst werden. Dies geschieht durch den festen Glauben in die individuellen Gestaltungskräfte, die in dem Bewusstsein verankert sind, dass Probleme nichts anderes sind als die Impulse für Veränderung. Der kreative Mensch verabscheut eingefahrene Gleise und wandert nicht auf ausgetretenen Pfaden, denn Probleme fordern neue Lösungen ein. „Inmitten von Schwierigkeiten liegen günstige Gelegenheiten" ist das von Albert Einstein überlieferte Credo, das seine Feststellung ergänzt, dass Fantasie wichtiger ist als Wissen.

> *„Wenn man etwas haben will, was man noch nie gehabt hat, muss man etwas tun, was man noch nie getan hat."*
> *ALBERT EINSTEIN*

Der amerikanische Hochschullehrer Richard L. Weaver zeigt in seinen Untersuchungen zur Frage der Kreativitätsentwicklung mit dem folgenden Beispiel auf, dass es darauf ankommt, die eigenen Kreativitätspotenziale zu erkennen und vor allem anzuerkennen: Vor ein paar Jahren beklagte eine führende Ölgesellschaft, dass es einigen Mitarbeitern im Bereich Forschung und Entwicklung an Kreativität mangele. Die Firmenleitung setzte ein Psychologenteam ein. Es sollte herausfinden, worin sich die wenig kreativen Mitarbeiter von den kreativen unterschieden. Nach drei Monaten kamen die Psychologen zu dem Ergebnis: der Hauptunterschied zwischen den kreativen und den weniger kreativen Mitarbeitern besteht schlicht darin, dass die kreativen Leute sich selbst als kreativ einschätzen und die weniger kreativen genau das nicht tun.

Merkmale kreativer Persönlichkeiten

Wer sich selbst als kreativ einschätzt, der wir leichter erfolgreich wirken und kreative Lösungen finden können. Folgende Eigenschaften und Attribute lassen sich bei solchen Menschen beobachten:

- Flexibilität, Neugier, Risikobereitschaft und Mut zeigen
- (Selbst-)Vertrauen im Tun, Selbstbewusstsein und Zuversicht haben
- Konflikte austragen und lösen können
- Fehlertoleranz zeigen
- Initiative ergreifen
- Optimismus und aufbauendes Denken haben sowie offen, aufrichtig und einsichtig sein
- Gespür für Ausnahme und Regel entwickeln
- Durchhalte- und Durchsetzungsvermögen haben
- Prozesse, nicht Zustände, regulieren
- Dinge ganzheitlich betrachten, vernetzt denken und Liebe für Details bewahren
- Vorstellungsvermögen entwickeln, keine Vorurteile haben, nicht vorschnell urteilen
- Lösungs- und handlungsorientiert denken.

Entscheidend für die Entwicklung einer kreativen Persönlichkeit sind also die Einstellung und die Haltung. Sie hat Marc Aurel sehr treffend dargestellt: „Betrachte einmal die Dinge von einer anderen Seite, als du sie bisher sahst. Das heißt: Ein neues Leben beginnen!“. Auch die Aussage – „Wer etwas will, sucht Wege; wer etwas nicht will, sucht Gründe“ – macht eine kreative Einstellung deutlich.

Der Psychologe Mihaly Csikszentmihalyi untersuchte die Frage, wie besonders kreative Leute leben und arbeiten. Er stellte fest, dass sie gegensätzliche Charaktereigenschaften in sich vereinen; kreative Menschen:

- Strahlen viel Energie, aber auch Ruhe aus. Sie können stundenlang intensiv mit großer Konzentration an einer Sache arbeiten, um dann eine Weile gar nichts zu machen
- Sind oft raffiniert und naiv zugleich, sie denken abwechselnd konvergent und divergent. Konvergentes Denken beinhaltet die Lösung genau definierter Probleme mit einer konkreten Antwort. Divergentes Denken be-

deutet, eine Sache von verschiedenen Standpunkten aus zu betrachten und mit ungewöhnlichen Assoziationen neue Ideen zu entwickeln
- Kombinieren Spielerisches mit Disziplin, Verantwortungsgefühl mit Laissez-faire. Sie strahlen oft eine gewisse Wurstigkeit und Sorglosigkeit aus, arbeiten in Wirklichkeit jedoch meist hart
- Pendeln zwischen Fantasie und einer bodenständigen Sicht der Realität. Sie erkennen, dass in dem, was auf den ersten Blick fremd erscheint, eine tiefe Weisheit stecken kann
- Sind demütig und stolz zugleich. Sie haben großen Respekt vor den Meisterwerken anderer. Gleichzeitig wissen sie aber sehr wohl, was ihre eigene Leistung wert ist
- Überwinden starre Geschlechterrollen
- Sind rebellisch und konservativ; die Tradition, verbürgte Erkenntnisse dienen als Basis, von der aus Neuland entdeckt wird
- Sind oft sehr überzeugt von ihrem Tun, können ihrem Werk aber auch objektiv und kritisch gegenüberstehen
- Leiden ebenso intensiv wie sie genießen. So kann z. B. ein Dichter leiden, wenn sein Werk öffentlicher Kritik ausgesetzt ist, gleichzeitig kann es ihn aber auch mit Freude erfüllen, weil er auf seinem geliebten Gebiet etwas geschaffen habt, das andere Menschen anregt – und sei es zur Ablehnung.

Sinn des kreativen Lebens ist die größtmögliche Entfaltung und Vervollkommnung der eigenen Persönlichkeit in größtmöglicher Harmonie und Verbundenheit zur Mitwelt.

Der kreative Umsetzungsprozess in Theorie und Praxis

Ein Unternehmen oder eine Kindertageseinrichtung sind nur so stark wie die in ihnen wirkenden Mitarbeiterinnen, und diese können dann stark sein, wenn ihnen die erforderlichen Mittel zur Verfügung stehen. Dieses Grundverständnis setzt kreative Kräfte frei und sichert den Zusammenhalt des Teams. Der amerikanische Unternehmer Walter Staples macht diese Dimension am Beispiel Service klar: „Service ist eine Funktion unserer Kreativität, unseres Einfallsreichtums, unserer Bereitschaft und unserer Fähigkeit, die Wünsche und Bedürfnisse der anderen Menschen zu erfüllen."

Kreativität ist das schöpferische Vermögen, Probleme zu lösen. Dieses Vermögen entwickelt sich in *fünf Phasen,* die neue Verhältnisse, Ereignisse und Erfahrungen ermöglichen:

- Statusanalyse; Bestandsaufnahme
- Kritikphase; Selbstkritik
- Problemlösung; Brainstorming und Ideensuche
- Konkrete Planungsphase
- Realisations- und Umsetzungsphase.

Bei den fünf Säulen der Kreativität handelt es sich um ein geschlossenes System, das als Kreislauf zu verstehen ist, denn nach der Verwirklichung folgt erneut die Statusanalyse.

Statusanalyse

Die **Statusanalyse** beschäftigt sich mit dem, was ist, und führt all die Punkte auf, die erkennbar und belegbar sind. Bei der Bestandsaufnahme wird nicht bewertet oder interpretiert; sie macht die Problemlage bewusst.

Praxisbeispiel: Die Belegungszahlen eines Kindergartens in Hamburg sind um 18 Prozent gesunken und damit auch das Budget, sodass sämtliche Ausgabenpositionen hinterfragt werden müssen. Die Leiterin reagiert sofort und lädt das Team, die Elternvertreter der vier Gruppen und zwei Vertreter des Trägervereins zu einer Krisensitzung ein. Sie informiert die Beteiligten, dass seit zwei Jahren keine Warteliste mehr besteht. Aufgrund der bisherigen Nachfragepraxis von durchschnittlich 98 Prozent des Jahreshaushalts konnte das Jahresbudget auf Basis von 95 Prozent der Belegungen aufgestellt werden. Der erwirtschaftete dreiprozentige Jahresüberschuss wurde teils für Sonderprojekte und -veranstaltungen angelegt, teils wurde eine Rücklage gebildet. Diese Rücklage kompensiert den Einnahmeausfall von vier Monaten.

Kritikphase

Die **Kritikphase** beleuchtet die Bedingungen, die zu einer Problemlage geführt haben; sie fokussiert die persönliche, sach- und fachbezogene Betrachtung und bewegt sich zunächst auf der Ebene der **Selbstkritik,** die das eigene Denken, Fühlen und Handeln hinterfragt. Dies ist der zweite Schritt zur gezielten Selbststeuerung. Die sachliche Auseinandersetzung befasst sich mit der logischen Abfolge von Prozessen, die zu einem Problem geführt haben. Das Fachliche kennzeichnet das für die Umsetzung Erforderliche. Es beruht auf empirischen Erkenntnissen, die in der Ausbildung oder im Studium erlernt worden und praxiserprobt sind.

Praxisbeispiel: Das Team, insbesondere die Leiterin, stellt selbstkritisch fest, dass zu dem Zeitpunkt, an dem keine Warteliste mehr bestand, nicht reagiert worden ist. Die Mitarbeiterinnen sind davon ausgegangen, dass sich die Nachfrage nach Kindergartenplätzen wieder regulieren würde. Die Nachfragesituation in umliegenden Kindergärten (Marktbeobachtung) wurde ebenfalls nicht eruiert. Der Kindergarten erfährt von den Kindern und von den Eltern durchweg positive Rückmeldungen über die geleistete elementarpädagogische Arbeit. Er hat allerdings seine fachbezogenen Aufgaben im Blick auf die Weiterentwicklung der Konzeption vernachlässigt. Sie ist seit acht Jahren unverändert im Hinblick auf das Marketing, die Öffentlichkeitsarbeit, die Werbung und die direkte Ansprache der Eltern im Stadtteil sowie auf das Controlling des Personals und des Budgets.

Problemlösung durch Brainstorming

Mit dieser Phase beginnt der kreative Entwicklungsprozess, der die Ergebnisse und Schlussfolgerungen der ersten beiden Phasen bei der Lösungsfindung einbezieht. Er ebnet den Weg zur **Lösung** und zeigt mögliche Ziele auf. Dies geschieht durch freies Fließen-Lassen der Gedanken in Form eines **Brainstorming;** es lässt alle nur denkbaren Lösungswege zu, unabhängig von der Realisierbarkeit. Brainstorming folgt dem Grundsatz, dass das, was gedacht werden kann, auch verwirklicht werden will. Die Auffassung, dass eine Idee z. B. sowieso nicht finanzierbar sei, tötet letztlich den kreativen Prozess, ebenso ein Ja-aber- oder Das-geht-sowieso-nicht Einwand. Es gilt in dieser Phase das gedankliche Überschreiten von Grenzen und Systemen, etwas möglich zu machen, was beim ersten Blick als unmöglich betrachtet wird.

Praxisbeispiel: Die Ergebnisse der Bestandsaufnahme und Kritikphase finden allgemeine Zustimmung. Auf Schuldzuweisungen wird verzichtet, weil diese in der aktuellen Situation nicht weiterhelfen und aufgrund des ohnehin großen Engagement des gesamten Teams. Alle Beteiligten sind nun aufgefordert nach Lösungen zu suchen. Im Rahmen der Moderatorenmethode tragen alle ihre Ideen auf Karten ein. Der Rote Faden durchzieht drei Themenbereiche: Personalentwicklung, Organisation und Haushaltskonsolidierung, wobei die Budgetfrage alle Bereiche betrifft. Folgende Ideen werden gesammelt:

- Verbesserung der Vertretungsregelung durch zusätzliche Kräfte
- Mitarbeitergespräche und -beurteilung, Leistungs-Feed-back
- Stringente Planung der Teamgespräche
- Ergebnis- und handlungsorientierte Besprechungen wie Dienst- und Elternversammlungen, trägerbezogene Treffen
- Mehr zeitliche Freiräume für die Leiterin
- Vergleich von Leistungsmerkmalen (Benchmarking) und Know-how-Transfer durch verstärkte Vernetzung mit anderen Kindertageseinrichtungen, durch Fachaustausch, durch gezieltes Auswerten von Fachbeiträgen und durch die Einführung einer Weiterbildungsplanung für die Mitarbeiterinnen
- Nutzen und Zur-Verfügung-Stellen von personellen Überkapazitäten mit anderen Tageseinrichtungen in Notsituationen
- Unterstützung von Mitarbeiterinnen im Rahmen von Ein-Euro-Jobs
- Stärkere Einbindung des Trägervorstandes in die Kindergartenarbeit; laufender Austausch von Informationen
- Stärkere Hinwendung zum Delegationsprinzip, vermehrte Übernahme von Verantwortung und Durchforstung der Aufgabenwahrnehmung
- Verbesserung des in- und externen Informationsflusses, z. B. durch interne Dokumentation der Gruppen- und Projektarbeit, durch gruppenübergreifendes Arbeiten und die Darstellung positiver Arbeitsergebnisse für die Eltern, Besucher und die Öffentlichkeit
- Prüfen der Organisation im Blick auf Servicequalität und -verbesserung
- Durchforsten des Etats nach Einsparpotenzialen, mehr Kostenbewusstsein beim Einkauf von Sachmitteln und Verbrauchsmaterialien
- Investition in der Büro-, Verwaltungs- und Projektorganisation; Anschaffung von entsprechender PC-Hard- und Software zur mittelfristigen Einsparung von Kosten
- Großeinkauf von Verbrauchsmaterialien zusammen mit anderen Kindergärten des Trägers und benachbarten Einrichtungen
- Einsparungen bei den Personalkosten

- Materielle und finanzielle Mittelbeschaffung durch Gründung eines Förderkreises, durch gezielte Förderveranstaltungen z. B. Flohmarkt
- Verstärkung der Öffentlichkeitsarbeit und der Werbung.

Die Stichpunkte und Ideen werden intensiv diskutiert und auf ihre Realisierbarkeit hin geprüft, auch in der Hinsicht, dass notfalls Personalkosten eingespart werden müssen. Es folgt ein Entscheidungsprozess, der eine Abstimmung erforderlich machen kann, und der die Strategie für die konkrete Planung festlegt

Konkrete Planungsphase

Aus den erarbeiteten Ergebnissen wird die praktische Herangehensweise zur Lösung herausfiltriert und entschieden. Es genügt ein Lösungsweg. Es folgt die **konkrete Planungsphase,** die den Inhalt mit den Ressourcen im Einklang bringt. Welche finanziellen Mittel, welches Personal stehen zur Verfügung und in welcher Zeit soll das Ziel verfolgt werden.

Praxisbeispiel: Die Planungsphase richtet sich zunächst auf vier Monate aus, also auf den Zeitraum, in dem die Finanzierung des Unternehmens Kindergarten gesichert ist. Alle sind sich darin einig, dass zunächst nicht an den Personalkosten gespart werden soll und darf, um die Qualität der Kindergartenarbeit nicht einzuschränken und die Leistungen der Einrichtung zu sichern. Dann wird ein Stufenplan bzw. eine Strategie entwickelt zur:

- Finanzielle Absicherung des Kindergartens
- Erhaltung des Personalbestands
- Erhöhung der Belegungszahlen.

Das Erreichen der Ziele ist nur möglich, wenn die:

- Leiterin mehr Zeit zur Verfügung hat, um die konkret geplanten Vorhaben zu realisieren
- Mitarbeiterinnen bereit sind, mehr Arbeitsstunden für die Lösung der Probleme zu investieren
- Eltern und der Träger sich stärker in diesem Lösungsprozess engagieren

Es werden konkrete Maßnahmen geplant; der Träger:

- Führt Gespräche mit dem Bürgermeister und mit dem Sozialamt
- Bindet den AWO-Landesverband in die Lösungssuche ein
- Prüft, ob weitere finanzielle Mittel und organisatorische Hilfen für den Kindergarten geleistet werden können.

Für die Leiterin sind folgende Aufgaben zu lösen, sie:

- Nimmt Verbindung zu den AWO- und anderen Kindergärten auf und prüft wie die Ressourcennutzung optimiert werden kann
- Prüft Einsparpotenziale im Etat und Synergieeffekte bei kindergartenübergreifendem Einkauf und Personaleinsatz
- Überprüft die Vertretungs- und Urlaubsregelungen auch unter Einbezug engagierter Eltern
- Bereitet mit dem Team Veranstaltungen vor, die zu zusätzlichen Einnahmen und Spenden führen
- Sorgt für die Umsetzung des Qualitätssicherungsverfahrens, das die Leistungsüberprüfung der Kolleginnen beinhaltet
- Prüft die Eröffnung eines Fördervereins oder einer Förderinitiative
- Aktiviert die engagierten Elternteile, die sie bei der Umsetzung der Ziele fach- und sachlich unterstützen können
- Prüft die moderate Erhöhung der Kindergartenbeiträge
- Sorgt für den Informationsfluss im Team, bei den Eltern und bei dem Träger
- Intensiviert mit dem Team und dem Träger die Öffentlichkeitsarbeit und die Werbung. Sie vergibt gezielt die Arbeitsaufträge und koordiniert die Aktivitäten.

Alle Beteiligten treffen sich einmal im Monat zu einer Sitzung, um die Ergebnisse vorzustellen, zu diskutieren und um neue Strategien zu entwickeln und zu entscheiden.

Realisations- und Umsetzungsphase

Praxisbeispiel: Anhand des Stufenplanes werden die einzelnen Schritte der Umsetzung abgearbeitet, dies geschieht durch eine Checkliste, die auch Unwägbarkeiten einbezieht, also Ereignisse, mit denen nicht gerechnet werden konnte oder die neues Handeln erfordern. Der Erfolg dieses Handlungsinstrumentariums liegt in der Bereitschaft aller Beteiligten, an einem Strang zu ziehen.

Entwicklung der persönlichen Strategie

ÜBUNG

Standortbestimmung und Veränderung

Übung 1: „Fortschritt ist, wenn wir nicht mehr weiter wissen!" Glauben Sie, dass diese Aussage richtig ist und kreative Prozesse in Gang setzt? Reflektieren Sie Situationen aus Ihrem Leben, in denen Sie nicht weiter wussten.

Übung 2: Sind Sie ein kreativer Mensch, der neue Lösungswege der finden und realisieren kann? Beschreiben Sie Ihre kreativen Merkmale und Charaktereigenschaften.

Übung 3: Beschreiben Sie Ihr Kreativpotenzial anhand der Beispiele und finden Sie noch weitere Beispiele:

- Personenbezogene Konflikte lösen
- Sachbezogene Konflikte lösen
- Briefe schreiben / Texte verfassen / Berichte und Protokolle schreiben
- Musizieren
- Verhandlungen führen
- Veranstaltungen planen und organisieren
- Projektarbeit
- Manuelles Gestalten / Werken
- Psychomotorik
- Sitzungen und Versammlungen leiten
- Geselligen Umgang pflegen
- Kontakte / Beziehungen aufnehmen und pflegen
- Freizeit gestalten
- Kochen
- Natur erkunden und erfahren
- Kinder begeistern und anregen

- Blumen arrangieren
- Spiele durchführen
- Kleidung auswählen
- Theater inszenieren
- Reparaturen durchführen
- Methodisch variabel arbeiten.

Übung 4: Verbinden Sie die neun Punkte mit vier Linien, ohne den Stift dabei abzusetzen. Denken Sie über die Systemgrenze hinaus.

Übung 5: „Wir selbst müssen die Veränderung sein, die wir in der Welt sehen wollen", sagte Mahatma Ghandi. Welche Veränderungsstrategien haben Sie, um neue Erfahrungen im privaten und beruflichen Bereich zu machen?

Übung 6: Führen Sie ein Kreativitätstagebuch und verfahren Sie nach folgender Struktur:

- Entwickelte Idee oder Veränderungsvorschlag
- Erfolge und Misserfolge
- Schwierigkeiten
- Widerstände.

Übung 7: Entwickeln Sie neue elementarpädagogische Arbeitsmethoden und probieren Sie diese aus? Nennen Sie Beispiele oder begründen Sie, warum Sie Ihre Arbeit wie bisher machen.

Übung 8: Haben Sie Veränderungsvorschläge für die organisatorische, pädagogische und personelle Arbeit in Ihrem Team?

Übung 9: Was tun Sie für die Kreativitätsförderung Ihrer Gruppenkinder, des Teams und der Eltern?

Übung 10: Halten Sie drei Stichpunkte zum Thema fest, die Ihnen besonders wichtig sind.

Für die Umsetzung des Prinzips der Kreativität im Alltag können die folgenden Überlegungen und Vorschläge hilfreich sein:

- Die Gestaltung der Gruppenräume kann zum kreativen Tun anregen; sie kann ein positives Lernumfeld schaffen, das zu neuen Ideen anregt. Binden Sie die Kinder bei der Gestaltung ein und lassen Sie auch Veränderungen zu, die nicht funktional erscheinen
- Methodenvielfalt und Variation im Handeln schaffen Aufmerksamkeit, Konzentration und Hingabe; sie fördern kreatives Denken und Fühlen. Finden Sie die Situationen heraus, die Sie inspirieren. Dies kann z. B. Bewegung sein, wie Spaziergänge oder Laufen. Mozart inspirierte das Billardspielen; er sah dem Lauf der Kugeln zu und lauschte den Rhythmen und Klangmustern der Billardkugeln, wenn sie auf die Bande oder andere Kugeln trafen. Machen Sie sich Ihre Kreativphasen bewusst und richten Sie sich Freiräume dafür ein

- Nutzen Sie das Brainstorming als Ideenschmiede. Es fördert den Austausch unter Kolleginnen und Freunden, löst die Lust am Lernen aus und bringt Neues und Veränderungen hervor. „Nicht aus Büchern, sondern durch lebendigen Ideenaustausch, durch heitere Geselligkeit müsst ihr lernen“, stellte Johann Wolfgang von Goethe treffend fest
- Wir denken in Bildern und „malen“ uns die Welt aus. Eröffnen Sie Ihr „Kopfkino“, schreiben Sie Ihr Drehbuch und malen Sie die Szenen in den schönsten Bildern aus. Dann setzen Sie Ihren Film nach und nach in die Realität um; Sie sind der Regisseur, der die Szenen wiederholen und verändern kann. Dies trainiert Ihre Vorstellungskraft und die Umsetzung Ihrer Ideen wird lebendig
- Entwickeln Sie Mut und Risikobereitschaft, etwas Neues auszuprobieren. Verstehen Sie diesen Prozess als eine Entdeckungsreise zu sich selbst und zu den Verhältnissen, als Spiel und Abenteuer vor dem Hintergrund eines verantwortungsbewussten Gestaltens
- Lust verkürzt den Weg zur erfolgreichen Tat. Sie ist Selbststimulation für das alternative Handeln, für das Entwickeln von neuen Ideen und der Motor der Motivation. Verstärken Sie die Tätigkeiten, die Ihnen Freude bereiten und ergänzen Sie diese Tätigkeiten mit neuen Ideen. Machen Sie aus Gewohntem ein neues Ereignis. Vor diesem Hintergrund können Sie auch die Aufgaben, die Sie ungern wahrnehmen, in einem neuen Licht sehen. Spielen Sie wiederkehrende Abläufe, als sei es das erste Mal, denn das ist der Stoff, aus dem neue Erfahrungen entstehen
- „Kreativität heißt, aus dem Chaos Ordnung zu schaffen“, erklärt der Journalist Georg Stefan Troller und meint damit, dass Effizienz die Voraussetzung ist für Ästhetik, für ein kreatives, fantasievolles Arbeiten. Effizienz verlangt nach Struktur und Ordnung in den Gedanken und im Tun. Ist dies realisiert, bestehen Möglichkeiten des Darüber-hinaus-Gestaltens
- Sprengen Sie die private Routine. Sammeln Sie dafür Ideen; entwickeln Sie für jede Woche des Jahres eine Überraschung.

1.9
Prinzip der Liebe

> *„Die Liebe ist geduldig und freundlich.*
> *Sie kennt keinen Neid, keine Selbstsucht.*
> *Sie prahlt nicht und ist nicht überheblich.*
> *Liebe ist weder verletzend noch auf sich selbst bedacht,*
> *weder reizbar noch nachtragend.*
> *Sie freut sich nicht am Unrecht, sondern freut sich,*
> *wenn die Wahrheit siegt.*
> *Die Liebe erträgt alles,*
> *sie glaubt alles, sie hofft alles*
> *und hält allem stand. (...)*
> *Nur eines wird bleiben: die Liebe."*
> *1. KORINTHER 13*

Kein Gefühl bestimmt das Leben so sehr wie die **Liebe.** Die Liebe ist ein zartes Pflänzchen, das gepflegt werden will – es verlangt einen gesunden Nährboden, der mit Zuneigung, Anerkennung und Würde gespeist ist und eine regelmäßige und ausreichende Wasserzufuhr, denn mit einem Zuviel oder Zuwenig verendet das Pflänzchen. Es braucht Geborgenheit und Sicherheit, und es braucht genügend Luft zum Atmen, um sich entfalten zu können. Ein russisches Sprichwort sagt: „Liebe ist wie ein Glas, das zerbricht, wenn man es zu unsicher oder zu fest anfasst."

Die meisten Menschen sehnen sich nach Liebe und liebevollen Beziehungen, sie suchen nach der einen, ganz besonderen Beziehung – und doch wächst die Zahl der Single-Haushalte, der Alleinerziehenden und der Scheidungen. Liebe kann sich auf der Ebene der Paarbeziehung zeigen; sie kann auch in der körperlichen Liebe ihren Ausdruck finden, doch wenn die triebgesteuerte Komponente gegenüber dem wahren Wesen der Liebe im Vordergrund steht und auf dieser Ebene das Denken und Verhalten zu stark beeinflusst, kann es auch zu Verstrickungen der Seele kommen. Die Menschen suchen und wollen Kontakt, doch manche scheitern dabei, Beziehungen dauerhaft aufzubauen und zu pflegen. Oft liegt der Grund des Scheiterns darin, dass sie es nicht schaffen, zu sich selbst Kontakt aufzunehmen und herauszufinden, wie sie das eigene Lebens- und Selbstverständnis mit ihrem Umfeld kompatibel machen. Wenn Menschen zwar Bindung wollen, aber nicht gebunden sein wollen, dann wird es nur sehr schwer möglich sein, die individuellen Ansprüche mit den Realitäten einer Partnerschaft in Einklang zu bringen.

> *„Den Sinn erhält das Leben einzig durch die Liebe. Das heißt: Je mehr wir zu lieben und uns hinzugeben fähig sind, desto sinnvoller wird unser Leben."*
> *HERMANN HESSE*

Der Schlüssel für ein gelingendes Miteinander ist ein erfolgreiches, ausgeglichenes Selbst und dies bedarf der Selbstklärung. Das Prinzip der Liebe ist gegenüber allen bislang dargestellten Prinzipien das wichtigste: Es ist die von innen heraus wirkende und nach außen strahlende Motivation, sich verstehen zu lernen, mit sich erfüllend umzugehen und die Beziehungen sowie Kontakte erfolgreich zu pflegen. Das gelebte Prinzip der Liebe ist Lebensglück. Arthur Rubinstein bringt dies auf den Punkt: „Die meisten Menschen wollen ein Glück unter gewissen Bedingungen. Man kann sich aber nur glücklich fühlen, wenn man keinerlei Bedingungen stellt."

Liebe hat nichts mit Erwartungen zu tun und nichts mit Besitz. Um die Liebe lässt sich weder kämpfen noch kann sie durch irgendwelche Manipulationen herbeigeführt werden. Der liebende Mensch sieht das Gute im Menschen. Er wird geleitet vom Vertrauen in sich selbst und in den anderen. Wer liebt, nimmt die Dinge, so wie sie sind, er weiß, dass einseitiges Interpretieren, Beeinflussen, Manipulieren, Urteilen und Bewerten Gift sind für die Liebe. Lieben heißt, sich selbst und andere zu achten und zu würdigen. Liebe ist das volle Vertrauen und die Hingabe zu dem, was geschieht. Liebe ist Wertschätzung und erst die Wertschätzung bringt die Wertschöpfung.

> *„Liebe ist, sich schwach zeigen zu dürfen, ohne Stärkung zu provozieren."*
> *THEODOR ADORNO*

Liebe ist Annahme, sie kommt von Herzen und ist die Energiequelle für das Glück. Wenn wir uns selbst annehmen, unseren Partner oder unsere Mitmenschen so wie sie sind, dann ist es nicht ausschlaggebend, ob uns gefällt, was wir vorfinden. In den Momenten, in denen wir uns jedoch an Details des menschlichen Verhaltens stören und sie negativ bewerten, kann sich dies bereits auf die Beziehung und den Kontakt auswirken. Wer die Menschen und die Welt so annehmen möchte, wie sie sind, der braucht die Bereitschaft, sich mit der eigenen Erwartungshaltung auseinanderzusetzen, er muss sich fragen, welche seiner Erwartungen erfüllt oder nicht erfüllt werden. Und dies führt zwangsläufig dazu, auch den eigenen Anteil an der jeweiligen Lage abzuklären. Wenn etwas bei anderen als störend empfunden wird, hat dies häufig auch mit der eigenen Person zu tun.

> *„Was tun Sie", wurde Herr K. gefragt, „wenn Sie einen Menschen lieben?" „Ich mache einen Entwurf von ihm", sagte Herr K., „und sorge, dass er ihm ähnlich wird." „Wer? Der Entwurf?" „Nein", sagte Herr K., „der Mensch."*
> *BERTOLT BRECHT*

Es ist der umfassende Ausdruck der Liebe, wenn wir uns so geben und verhalten dürfen, wie wir uns fühlen und wenn wir dies den anderen zeigen können, ohne dass diese die Situation ausnutzen. Wird Liebe in einer Beziehung so verstanden, dann nimmt sie vermeintliche Schwächen an und missbraucht sie nicht zum Vorteil anderer.

Entwicklung der persönlichen Strategie

ÜBUNG

Standortbestimmung und Veränderung

Übung 1: Bringen Sie Ihr Verständnis von Liebe zum Ausdruck und vervollständigen Sie den Satz „Liebe ist ..."

Übung 2: Reflektieren Sie das Glaubensbekenntnis des Franziskanermönchs Franz von Assisi: „Herr, mache mich zum Werkzeug deines Friedens: Dass ich Liebe bringe, wo man sich hasst; dass ich Versöhnung bringe, wo man sich kränkt; dass ich Einigkeit bringe, wo Zwietracht ist; dass ich den Glauben bringe, wo Zweifel quält; dass ich die Hoffnung bringe, wo Verzweiflung droht; dass ich Freude bringe, wo Traurigkeit ist; dass ich Licht bringe, wo Finsternis waltet. O Meister, hilf mir, dass ich nicht danach verlange, getröstet zu werden, sondern zu trösten; verstanden zu werden, sondern zu verstehen; geliebt zu werden, sondern zu lieben. Denn: Wer gibt, der empfängt; wer verzeiht, dem wird verziehen; wer stirbt, der wird zum ewigen Leben geboren. Amen."

Übung 3: Was bedeutet für Sie ein liebevoller Umgang mit den Kindern und mit den Kolleginnen? Sehen Sie Unterschiede in Ihrem Verhalten?

Übung 4: Wann fühlen Sie sich geliebt, was veranlasst Sie dazu, jemanden zu lieben und woher wissen Sie, wenn Sie nicht geliebt werden?

Übung 5: Reflektieren Sie die Bedeutung des Sinnspruches von Mahatma Ghandi: „Vertrauen ist eine Tugend; Misstrauen geht immer aus Schwäche hervor." Vertrauen Sie in das, was Sie tun und in das, was passiert?

Übung 6: Denken Sie an Menschen, die Sie unsympathisch finden oder die Sie nicht mögen. Nehmen Sie eine Person X aus Ihrem Privatleben und eine Person Y aus Ihrem beruflichen Umfeld und schreiben die Eigenschaften auf, die Sie stören.

Übung 7: Schauen Sie sich die Eigenschaften aus Übung 6 genau an und finden Sie die Gründe heraus, warum Sie diese Punkte stören? Wie verhalten Sie sich gegenüber diesen Personen und können Sie sich vorstellen, dass auch Sie ähnliche Eigenschaften haben?

Übung 8: Können Sie auf die Personen X und Y zugehen und sich mit ihnen über das, was sie stört, austauschen? Fragen Sie sich und die Personen, wie Sie positiv miteinander umgehen können.

Übung 9: Was zeichnet Ihre Teamarbeit in der Kindertageseinrichtung aus und was lässt eine erfolgreiche und positive Zusammenarbeit vermissen? Welchen Beitrag leisten Sie dazu, dass ein Wir-Gefühl im Team entsteht oder gelebt wird?

Übung 10: Gehen Sie einen Schritt auf dem Weg, sich selbst zu lieben und sich selbst zu akzeptieren. Sie können einen Spiegel zu Hilfe nehmen und sich sagen: „So wie ich bin und so wie ich aussehe, ist es o. k., ich gefalle mir."

Übung 11: Betrachten Sie Ihren Umgang mit Menschen und Ihre Arbeit mit den Kindern genau: Welche Werte und Charaktereigenschaften wollen Sie vermitteln? Vergleichen Sie hierzu Ihre Ergebnisse unter dem Prinzip der Lebenswerte und prüfen Sie, inwieweit Sie Menschen zu Ihren Werten hinführen und inwieweit Sie sie beeinflussen wollen. Nehmen Sie sich das folgende Zitat von Waldor Emerson als wichtige Hilfestellung: „Forme nicht die Menschen so, wie Du bist. Mache Dir bewusst, einer von deiner Sorte reicht!"

Übung 12: Halten Sie drei Stichpunkte zum Thema fest, die Ihnen besonders wichtig sind.

Für die Umsetzung des Prinzips der Liebe im Alltag können die folgenden Überlegungen und Vorschläge hilfreich sein:

- Liebe bedeutet nicht, geliebt werden zu müssen. Wer einen respekt- und würdevollen Umgang pflegt, dem wird früher oder später ebenfalls ein solcher Umgang zuteil
- Ein liebender Mensch ist eine integre Persönlichkeit, er hat Merkmale wie Ehrlichkeit, Zuversicht, Optimismus, Freundlichkeit, Verlässlichkeit und Herzlichkeit; Integrität bedeutet, das einzuhalten, was gesagt und versprochen wird
- Liebe heißt, Verantwortung für sich selbst und für andere zu übernehmen. Es ist wichtig, sich klar zu werden, was das eigene Tun und Lassen auslöst

- Ein liebender Mensch verzeiht und versteht. Schauen Sie sich die an, die Ihnen und anderen nicht gelungen sind. Machen Sie sich zu an Ihren persönlichen Erfahrungen im Umgang mit Fehlern, Niederlagen und Schwächen klar, welche Lernprozesse daraus erfolgt sind. So fällt es Ihnen leichter, die Fehler der anderen zu verstehen und zu verzeihen
- Ihre Selbsteinschätzung muss jeden Tag neu justiert werden. Etwas zu unterlassen, was Sie tun können, ist ebenso fatal, wie etwas zu unternehmen, was Sie sich nicht zutrauen dürfen. Mit Ihrer aufrichtigen und ehrlichen Selbsteinschätzung schießen Sie nicht über das Ziel hinaus. Liebe heißt in diesem Zusammenhang das anzunehmen und anzuerkennen, was Sie zu leisten imstande sind
- Klären Sie für sich, wie das Leistungsvermögen Ihrer Mitmenschen aussieht und überprüfen Sie daran Ihre Erwartungen und Ansprüche, die Sie erheben
- Entdecken Sie in allem, was Sie tun, einen Sinn. Finden Sie Freude in der Erfüllung Ihrer Aufgaben. „Schön ist, was Du mit Liebe betrachtest." (Christian Morgenstern) Widerwilliges Tun verbraucht unnötige Energien und Kräfte.

> *„Man nehme 12 Monate, putze sie ganz sauber von Bitterkeit, Geiz, Pedanterie und Angst und zerlege jeden Monat in 30 oder 31 Teile, sodass der Vorrat genau für ein Jahr reicht. Es wird jeder Tag einzeln angerichtet aus 1 Teil Arbeit und 2 Teilen Frohsinn und Humor. Man füge 8 gehäufte Esslöffel Optimismus hinzu, 1 Teelöffel Toleranz, 1 Körnchen Ironie und 1 Prise Takt. Dann wird die Masse sehr reichlich mit Liebe übergossen! Das fertige Gericht schmücke man mit Sträußchen kleiner Aufmerksamkeiten und serviere es täglich mit Heiterkeit und einer guten erquickenden Tasse Tee."*
> *KATHARINA ELISABETH GOETHE*

Die Anwendung des Prinzips der Liebe kann auch hilfreich sein, um festgefahrene Verhaltensstrukturen in Teams in Bewegung zu bringen. Wenn die Beschäftigung mit Themen auf der Beziehungsebene in den Vordergrund tritt, wenn vermeintliche Schwächen anderer, Anschuldigungen, Unterstellungen, Gefühle von Ungleichbehandlungen und Verletzungen eine Klärung auf der Sachebene erschweren oder verhindern, dann kann eine Verständigung auf ein übergeordnetes Verhaltensprinzip, auf eine übergeordnete Zielsetzung Positionen und Haltungen wieder in Bewegung bringen, sodass eine Klärung der Sachebene wieder möglich wird. Das Team kann selbst ein internes Regelwerk erarbeiten, um wieder ein vertrauensvolles, verständnisvolles und liebevolles Miteinander aufzubauen. In einem solchen Regelwerk können sich die individuellen und kollektiven Ansprüche artikulieren, an denen sich alle Beteiligten orientieren und messen wollen, z. B. wir:

- Sehen in den anderen den Freund oder Partner
- Zeigen Interesse für die Anliegen, die uns entgegengebrachten werden
- Nehmen uns Zeit für die Lösung von Konflikten
- Kommen den anderen entgegen, wenn wir spüren, dass etwas nicht stimmt
- Sorgen für eine offene Kommunikations- und Streitkultur; organisatorische Regelungen und Entscheidungen werden durchlässiger gestaltet und an der internen Informationstafel dargestellt; Kritik hilft uns weiter und ist ausdrücklich erwünscht; persönliche Kritik ist verboten
- Gehen freundlich miteinander um und wissen, dass ein aufrichtiges Lächeln immer dazugehört
- Fragen nach den Interessen anderer und erwidern sie
- Versetzen uns in die Lage anderer
- Sind gute Zuhörer, beantworten jede Frage, geben Feed-back und zeigen Verständnis
- Vertreten unsere Ansichten rücksichtsvoll
- Überwinden Unsicherheiten und Hemmungen anderer und nutzen weder Fehler noch Schwächen aus
- Verhalten uns ruhig und gelassen
- Sind tolerant und optimistisch, offen und aufrichtig
- Sehen andere interessiert an und halten den Blickkontakt
- Treten sicher und entspannt auf
- Sind selbstkritisch
- Arbeiten ergebnis- und handlungsorientiert, machen Vorschläge, führen mögliche Alternativen auf
- Entwickeln Freude und Begeisterung an unserer Arbeit und zeigen sie auch – „Wir sind mit beiden Beinen fest in den Wolken verankert; d. h. wir haben immer die Realität im Auge.“.

1.10
Prinzip der Work-Life-Balance

> *„Wer noch ruhig ist, lässt sich leicht ergreifen.*
> *Was noch nicht hervortritt, lässt sich leicht bedenken.*
> *Was noch zart ist, lässt sich leicht zerbrechen.*
> *Was noch klein ist, lässt sich leicht zerstreuen.*
> *Man muss wirken auf das, was noch nicht da ist.*
> *Man muss ordnen, was noch nicht in Verwirrung ist.*
> *Ein Baum von einem Klafter Umfang entsteht aus einem haarfeinen Hälmchen.*
> *Ein neun Stufen hoher Turm entsteht aus einem Häufchen Erde.*
> *Eine tausend Meilen weite Reise beginnt vor deinen Füßen."*
> *LAOTSE*

Das Prinzip der **Work-Life-Balance,** abgekürzt *WLB*, bedeutet den Ausgleich oder die Balance der vier Lebensbereiche — Familie und Partnerschaft, Beruf und Leistung, Gesundheit und Fitness sowie Freizeit und Sinn. Hieraus wird ersichtlich, dass das 10. Prinzip der Motivationsstrategien alle anderen neun Prinzipien umfasst. Wir werden ganz uns selbst, wenn wir die vier zentralen Lebensbereiche uns angemessen ausfüllen, das heißt, wenn wir Zeit, Raum und Energien so einsetzen können, dass sie der in uns angelegten Bedürfnislage gemäß sind.

> *„Indem er ganz sich selbst hinterlässt, im Dienst an einer Sache, in der Erfüllung eines Sinnes oder in der Hingabe an eine Aufgabe oder an einen anderen Menschen, einen Partner, da wird er ganz er selbst."*
> *VERFASSER UNBEKANNT*

Das Prinzip der Work-Life-Balance stellt ein geschlossenes System dar. Entwickelt sich in einem Lebensbereich ein Zuviel oder ein Mangel, dann kann das System seine Ausgewogenheit verlieren. Wenn sich Wünsche und Sehnsüchte nicht erfüllen, können wir aus dem Gleichgewicht geraten. Manchmal kompensieren wir die als defizitär erfahrenen Situationen mit einem Flucht-

oder Vermeidungsverhalten und entwickeln eine Verdrängungsstrategie. Unausgewogenheiten können sich folgendermaßen zeigen:

- **Beruf** – Wenn der Beruf volles Engagement erfordert und weit mehr Arbeitsstunden geleistet werden müssen als vertraglich vereinbart, wenn die regelmäßige Wochenstundenzahl mindestens 45 Stunden beträgt und wir die Arbeit öfter mit nach Hause nehmen, so ist das heute nicht mehr ungewöhnlich. Es ist klar, dass die anderen drei Bereiche davon beeinflusst werden – es geht wertvolle Zeit verloren für die Familie, für den Partner und für Freizeitaktivitäten
- **Freizeitaktivitäten** – Wer förmlich aufgeht in seinem ehrenamtlichen Engagement und eine wichtige Funktion in einem Verein übernommen hat, dem kann die Zeit fehlen, die Partnerbeziehung zu pflegen oder sich den Kindern zu widmen, selbst wenn es gelingen sollte, die Familie in die ehrenamtlichen Aufgaben einzubinden. Und wenn manche Vereinsangelegenheiten vom Arbeitsplatz aus erledigt werden, dann weiß jeder, dass er im Moment seinen beruflichen Aufgaben nicht voll und ganz nachkommt
- **Anerkennung** – Wenn wir im Beruf für unsere Leistungen kaum oder gar keine Anerkennung bekommen, wenn das, was wir tun, als selbstverständlich gilt, dann kann dies dazu führen, dass wir uns die Anerkennung durch ein überdurchschnittlich starkes Engagement im Freizeitverein holen. Wir kompensieren das, was uns fehlt, durch die Anerkennung „von außen"
- **Partnerschaft** – Wenn es in der Partnerschaft kriselt, kann dies dazu führen, dass wir die Freizeit häufiger allein gestalten und dass wir Sexualität in immer größeren Abständen oder überhaupt nicht mehr leben. Wir kommen vielleicht ungern nach Hause, weil es ungewiss ist, ob uns ein lächelndes Gesicht empfängt. Eine Kompensationsmöglichkeit in dieser Situation ist vermehrter Alkoholkonsum oder das Ausweichen auf Tätigkeiten, die ablenken sollen wie Hobbys nachgehen, Internetsurfen oder Fernsehen. Wir sind in diesem Fall auf der Flucht und verdrängen eine mögliche Lösungssuche.

Voltaire hat die Unausgewogenheit von Lebensbereichen folgendermaßen formuliert: „In der einen Hälfte des Lebens opfern wir die Gesundheit, um Geld zu erwerben; in der anderen opfern wir Geld, um die Gesundheit wieder zu erlangen. Und während dieser Zeit gehen Gesundheit und Leben von dannen." Demgegenüber ist von Platon die Äußerung überliefert, dass „Die größte Behinderung des Lebens darin liegt, ständig auf seine Gesundheit zu achten." Je nach Blickwinkel steckt in beiden Sentenzen ein Stück Wahrheit und der Hinweis auf das rechte Maß.

Entscheidungen treffen

Wenn wir innerlich zufrieden und ausgeglichen leben wollen gilt es, die vier Lebensbereiche in Balance zu halten und die individuellen Lebensverhältnisse unseren Erwartungen, Ansprüchen und Bedürfnissen entsprechend zu gestalten. Dies erfordert eine Klärung, in welcher Situation wir uns befinden und konsequente **Entscheidungen,** ob wir etwas verändern wollen oder nicht. Wir müssen klären, ob wir unsere Lebensverhältnisse:

- Lieben, ob wir das, was wir tun, gern tun und mit Hingabe
- Verändern wollen, sodass wir uns wieder zurechtfinden können
- Hinter uns lassen wollen und einen völlig neuen Weg einschlagen, uns anders orientieren.

Manchmal fallen uns klare Entscheidungen schwer, weil wir die möglichen Konsequenzen fürchten: Verliere ich materielle Annehmlichkeiten, wenn ich mich im Beruf nicht mehr so stark engagiere? Verliere ich die Anerkennung und den Zuspruch, wenn ich meine Chefin oder meine Kollegin kritisiere? Verliere ich meine gesicherte Existenz, wenn ich meinen Mann verlasse, weil ich ihn nicht mehr liebe?

Es ist notwendig, sich die Konsequenzen einer Entscheidung klar zu machen und zu überlegen, welchen Preis wir dafür zahlen. Genauso wichtig ist es jedoch, die Befürchtungen selbst zu hinterfragen: Wenn mein Wunsch nach Anerkennung sehr groß ist, so ist ein Ansatzpunkt zu schauen, ob ich in einem Abhängigkeitsverhältnis zu anderen oder zu Dingen stehe und inwieweit mein Verhalten möglicherweise opportun ausgerichtet ist. Wenn materieller Wohlstand für mich von zentraler Bedeutung ist, kann ein Hinterfragen der eigenen Ansprüche zur Relativierung von Ängsten beitragen. Auch hier kommt es darauf an, das richtige Maß zu finden, damit der individuelle Gestaltungsraum gesichert und erhalten bleibt und wir nach eigenen Vorstellungen und Wünschen selbstbestimmt handeln können.

Kernkompetenzen zeigen

Die Work-Life-Balance verlangt nach **Kernkompetenzen,** die den Weg für ein erfülltes und ausgeglichenes Leben bereiten. Eine zentrale Bedeutung haben die so genannten **Schlüsselqualifikationen.** Sie drücken die individuelle Fähigkeit einer Person aus, situationsangemessen, in sich stimmig und damit kompetent zu handeln. Die Erarbeitung der *Selbst-, Sozial- und Methodenkompetenz* führt zu einer Lebensgestaltung, die die Balance hält zwischen Privatsphäre und beruflichem Bereich. Die Auseinandersetzung mit den Themen unterstützt die Persönlichkeitsentwicklung und hilft, souveräner und vor allem gelassener aufzutreten und zu sein. Die Ausbildung in den Schlüsselqualifikationen betrifft vor allem die vier Lebensbereiche Familie und Partnerschaft, Gesundheit und Fitness sowie Freizeit und Sinn, der Bereich Beruf und Leistung wird von der *Fachkompetenz* maßgeblich beeinflusst.

Störungen in den vier Lebensbereichen der WLB sind häufig auf mangelnde Fertigkeiten und Kenntnisse in den verschiedenen Kompetenzebenen zurückzuführen. Dies kann zu Problemen der Anerkennung, des Selbstwerts, zu Problemen der Organisation, der Führung, der Fachkompetenz und der Kommunikation führen.

Selbstkompetenz

Die **Selbstkompetenz** umfasst:

- Den kompetenten Umgang mit sich selbst, mit dem Selbstwert
- Das Selbstmanagement – Selbstorganisation, -steuerung, -kontrolle und -wirksamkeit
- Den reflexiven, kritischen Umgang mit sich selbst
- Das Anwenden von Lerntechniken – „Lebenslanges Lernen“
- Die bewusste Entwicklung eigener Werte und eines Menschenbildes
- Die Fähigkeit zu beurteilen und sich selbst weiterzuentwickeln.

Sozialkompetenz

Zu den **Sozialkompetenzen** gehören die:

- Teamfähigkeit
- Kooperationsfähigkeit
- Konfliktlösungsfähigkeit
- Kommunikationsfähigkeit.

Diese Fähigkeiten ermöglichen einen kompetenten Umgang mit Kollegen, Kunden, Vorgesetzten und Geschäftspartnern.

Methodenkompetenz

Die **Methodenkompetenz** ist gekennzeichnet durch:

- Geplantes, zielgerichtetes Umsetzen von Fachwissen, durch Analysieren und ein systematisches Vorgehen
- Erarbeiten von kreativen, unorthodoxen Lösungen
- Strukturieren und Klassifizieren von neuen Informationen
- In-den-Kontext-Setzen und Zusammenhänge-Erkennen
- Kritisches Hinterfragen, um Innovationen zu erreichen
- Abwägen von Chancen und Risiken.

ÜBUNG

Schlüsselqualifikationen

Gehen Sie die einzelnen Kompetenzbereiche der Schlüsselqualifikationen durch:

- Welche Kompetenzen, welche Stärken habe ich bereits entwickelt und eingesetzt?
- Welche Kompetenzen möchte ich noch weiter ausbauen?

Fachkompetenz

Auch bei gut ausgebildeten Mitarbeiterinnen können sich Defizite in der **Fachkompetenz** entwickeln. Unsere Welt wird zunehmend komplexer, das Wissen vermehrt sich und die beruflichen Anforderungen wachsen. Diejenigen, die vor vielen Jahren ihren Beruf erlernt haben, werden mit anderen inhaltlichen Ansprüchen konfrontiert, aber auch junge Kolleginnen erfahren in der Praxis, dass das in der Ausbildung vermittelte Wissen den aktuellen Erfordernissen nicht immer standhält. Erzieherinnen spüren den Wandel der gesellschaftlichen Werte, den Druck des Wettbewerbs und vor allem den ökonomischen Wandel. Ihre Verantwortungsbereiche sind gewachsen und dies erfordert eine fachliche Anpassung.

ÜBUNG

Checkliste Fachkompetenz

Arbeiten Sie die Liste der Aufgabenbereiche von Kindertageseinrichtungen unter der Fragestellung durch: Welche Kompetenzen habe ich bereits entwickelt? Welche Kompetenzen möchte ich weiter ausbauen? Welche Weiterbildungsmaßnahmen sind für mich / meine Mitarbeiterinnen wichtig?

- **Personalentwicklung und Mitarbeiterführung** — Arbeits- und Tarifrecht, Leistungsbeurteilung, Mitarbeitergespräche und Mitarbeiter-Feed-back, Weiterbildungsplanung, Führungsstil, Personalbewirtschaftung und -planung, Kündigungsrecht, Personalverwaltung, Personalorganisation, Teamarbeit, Konfliktlösung, Kooperation, Informationssteuerung, Arbeiten nach Zielvereinbarungen
- **Elementarpädagogik** — pädagogisches Konzept, pädagogisches Leitbild, spezifische Angebote wie Psychomotorik, moderner Medieneinsatz, Sprachförderung, Vorschulpädagogik, ästhetische Erziehung, Heilpädagogik, Projektarbeit, musische Erziehung, Programme zur Förderung der Zwei- oder Mehrsprachigkeit, Methoden zur Entwicklung der Sprachkompetenz, Diagnoseverfahren für die Feststellung von Verhaltensauffälligkeiten, Wahrnehmungs- und Konzentrationsförderung, Teamarbeit, Eltern-

arbeit, Kommunikation und Kooperation, Vernetzung von pädagogischen Initiativen, Gesetz für Kindertageseinrichtungen

- **Marketing** — Marktbeobachtung und -analyse, Öffentlichkeitsarbeit, Werbung, Bedarfsanalyse, Produktentwicklung zur Verbesserung des Dienstleistungsangebots, Service, Entwicklung von mittel- bis langfristigen Zielen, Kundenbetreuung und -bindung, Auswertung der Arbeitsleistung und -ergebnisse, kundenorientierte Kommunikation z. B. Informationen für die Eltern, Aufstellen von Entwicklungszielen, Prüfen des Preis-Leistungsverhältnisses, Förderinitiative wie Sponsoring und Spenden
- **Bürokommunikation und -organisation** — Einsatz von modernen Medien wie PC-Hardware, Telefax, Internet- und Emailnutzung, Kopiergerät, Drucker, Scanner, DSL-Verbindung zur schnelleren Übermittlung von Daten; EDV-Grundkenntnisse, Aktenplan, Verwaltungsprogramm, Schreib- und Grafiksoftware, Arbeitsorganisation, Ablaufplanung
- **Haushaltsführung und Controlling** — Aufstellen des Haushaltsplans, Haushaltsüberwachung, Erstellen der Monatsbilanz, Einsatz der Haushaltsmittel, Buchführung, Erstellen der Jahresbilanz, Haushaltsrecht, Lohn- und Gehaltsregelung
- **Logistik, Innen- und Außenbewirtschaftung** — Beschaffung von Sachmaterialien, Konsumgütern, Organisation der Beschaffungen, Gestaltung der Innen- und Außeneinrichtung, Sicherheitsbestimmungen, Inventur, Reparaturen, Ausschreibung und Prüfung von Aufträgen, dienstliche Beaufsichtigung des Hausmeisters, Renovierung und Instandhaltung, Haftungs- und Versicherungsrecht
- **Qualitätsentwicklung und -verfahren** — Einrichtung eines Qualitätshandbuches, das alle Bereiche der Einrichtung erfasst und die Qualität der Arbeit nachweist und sicherstellt.

Entwicklung der persönlichen Strategie

ÜBUNG

Standortbestimmung und Veränderung

Übung 1: Tragen Sie in der folgenden Abbildung ein, wie viel Prozent Zeit und Konzentration Sie in den jeweiligen Lebensbereich investieren.

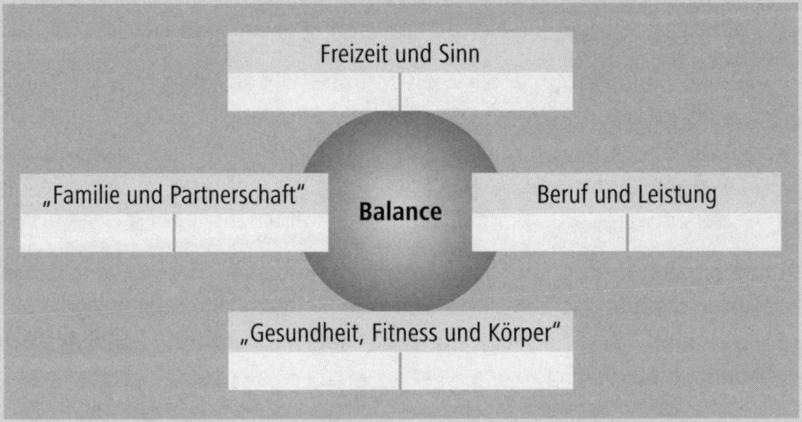

Übung 2: Konkretisieren Sie die einzelnen Lebensbereiche Beruf und Leistung, Familie und Partnerschaft, Gesundheit und Fitness sowie Freizeit und Sinn mit den Aktivitäten oder Handlungen, die Sie hauptsächlich damit verbinden.

Übung 3: Welche Lebensbereiche sind Ihnen am Wichtigsten? Setzen Sie Ihre persönlichen vier Prioritäten.

Übung 4: Haben Sie den einen oder anderen Lebensbereich vernachlässigt, wenn ja, welchen und aus welchem Grund?

Übung 5: Schreiben Sie auf, ob und welche Veränderungen Sie in Richtung Balance vernehmen wollen und was Sie konkret dafür tun werden.

Übung 6: Beantworten Sie folgende Frage spontan: Arbeiten Sie, um zu leben oder leben Sie, um zu arbeiten?

Übung 7: Halten Sie drei Stichpunkte zum Thema fest, die Ihnen besonders wichtig sind.

Für die Umsetzung des Prinzips der Work-Life-Balance im Alltag können die folgenden Überlegungen und Vorschläge hilfreich sein:

- Arthur Schopenhauer stellte treffend fest, dass wir selten auf das schauen, was wir haben, sondern zumeist die Dinge beachten, die uns fehlen. Fokussieren Sie Ihre Energien und Kräfte auf die Dinge, die Sie haben und setzen Sie Ihre „Schätze“ in Bezug zur Work-Life-Balance
- Pflegen Sie Ihre Selbstständigkeit, entwickeln Sie Ihre Interessen, Freundschaften und Überzeugungen soweit, dass Sie die Balance zwischen eigenen und Partnerprojekten finden
- Wenn Sie in einer Beziehung und/oder Familie leben, dann pflegen Sie sie mittels einer offenen Kommunikation und Zeit für gemeinsame Unternehmungen
- „Gesundheit ist gewiss nicht alles, aber ohne Gesundheit ist alles nichts“, sagte Arthur Schopenhauer und weist darauf hin, dass „die besten Ärzte der Welt Dr. Essen, Dr. Ruhe und Dr. Fröhlich“ sind:
  - Sorgen Sie für reichlich Bewegung in Ihrem Leben. Stellen Sie sich ein Programm auf für Ihre sportlichen Aktivitäten
  - Achten Sie auf eine ausgewogene und vollwertige Ernährung und gönnen Sie sich etwas besonders Gutes
  - Belohnen Sie sich spontan mit kleinen Freuden wie herumalbern, faulenzen, in Romanen schmökern
  - Pflegen Sie alte oder neue Hobbys oder andere Freizeitbeschäftigungen. Sie schaffen sich einen Ausgleich durch das, was Sie gern tun
  - Nutzen Sie alle Gelegenheiten zu lachen und weinen Sie, wenn Ihnen danach ist; Tränen entlasten und befreien.

2. Self-Coaching-Methoden

> *„Du bist umgeben von Institutionen und Systemen, die alle zu wissen meinen, was Du brauchst. Sie machen Dir Angebote und betonen, wie gut es wäre, wenn Du ihnen glauben würdest.*
>
> *Ratgeber annoncieren ihre Künste, Wissenschaftler verbessern Deine Lebensqualität, Gurus wollen Dich retten, und für jedes Problem gibt es Techniker und Ärzte, Politiker und Weltverbesserer, die behaupten, sie hätten Dein Glück im Sinn.*
>
> *Für alles gibt es einen Durchschnitt, nach dem Du gemessen wirst. Die Statistiken häufen sich. Du bist eine anonyme Zahl darin.*
>
> *Darum ist nichts so wichtig wie die Entscheidungen Deines Lebens. Es ist wichtig, dass Du willst, wozu Du berufen bist in der Tiefe Deines Wesens, dass Du etwas mit Deinem ganzen Herzen glaubst, dass Du wählst, wie Du leben willst, und dass Du auf Deine innere Stimme hörst und ihr traust."*
> *GÜNTHER FEYLER*

2.1 Selbstanalyse

Sich selbst und das eigene Selbstbild besser kennenzulernen ist ein Schritt auf dem Weg des Self-Coaching. Bei der Beschäftigung mit uns selbst begegnen wir verschiedenen Aspekten der **Selbstanalyse**. Wer bin ich? Welche Eigenschaften habe ich? Wie verhalte ich mich? Wie sehen mich die anderen? – Die Auseinandersetzung mit diesen Fragen kann uns uns selbst näher bringen und damit auch den Gründen, warum wir Dinge gerne tun und andere ablehnen oder fürchten.

Selbst- und Fremdwahrnehmung

Ein zentraler Aspekt der Selbstanalyse ist die Auseinandersetzung mit der **Selbst- und Fremdwahrnehmung.** Meist stimmt das Selbstbild mit der Fremdwahrnehmung nicht überein – die individuellen Vorstellungen über uns selbst, über die eigenen Charakter- und Verhaltenseigenschaften decken sich nicht mit dem, wie uns andere wahrnehmen. Eine von vielen Ursachen für diese Abweichung kann darin liegen, dass wir uns selbst und unsere Persönlichkeitseigenschaften weitaus kritischer bewerten, als dies unser menschliches Umfeld tut. Dies kann aus einem Mangel an Selbstvertrauen heraus geschehen oder weil wir an uns selbst den Anspruch auf perfekte Leistung stellen oder weil wir mehr auf unsere vermeintlichen Schwächen schauen als auf das, was wir können.

Eine an Defiziten orientierte Herangehensweise übernehmen viele Menschen bereits in der Schule, in der z.B. Fehler rot gekennzeichnet und gewertet werden und der Blick auf die Fehlervermeidung konzentriert ist. Auch im Arbeitsleben stehen meist weniger Anerkennung und Lob als die Analyse und Vermeidung von Fehlern im Vordergrund.

Wenn wir uns jedoch zu sehr auf die Vermeidung von Schwächen konzentrieren, kann dies bewirken, dass sich unser Leistungsvermögen kontinuierlich nach unten bewegt. Hier wirkt sich das Streben nach Perfektion auf fatale Weise aus: Obwohl wir wissen, dass es den vollkommenen Menschen gar nicht gibt, sinkt das Selbstwertgefühl und parallel dazu wachsen die individuellen Ansprüche. Umso wichtiger ist eine realistische Selbsteinschätzung.

Sich das eigene Selbstbild bewusst zu machen ist ein wichtiger Baustein, um die eigenen Stärken und Talente zu erkennen und das Verhalten darauf zu konzentrieren. Das Selbstbild der Fremdwahrnehmung gegenüberzustellen gibt klare Impulse: In diesem Prozess relativiert sich die Selbstbeurteilung und dies unterstützt uns dabei, uns selbst anzunehmen und damit uns selbst sicher zu werden. Die Bearbeitung der Tabelle 2.1 zur Selbst- und Fremdwahrnehmung kann die verschiedenen Aspekte der eigenen Persönlichkeitsstruktur verdeutlichen. Dies liefert wichtige Hinweise, welche Themen bzw. welche Bereiche für den Einzelnen von Bedeutung sind für die weitere Persönlichkeitsentwicklung.

ÜBUNG

Selbst- und Fremdwahrnehmung klären

Kreuzen Sie in der Tabelle 2.1 die Eigenschaften an, mit denen Sie bzw. Ihr Verhalten charakterisiert werden können und kennzeichnen Sie abschließend jene drei Eigenschaften, die für Ihre Persönlichkeit besonders charakteristisch sind. Um ein möglichst objektives Bild zu erhalten, hat es sich als hilfreich erwiesen, möglichst spontan zu antworten. Um zu erfahren, wie andere Sie wahrnehmen, können Sie eine Person Ihres Vertrauens bitten, eine Kopie der Tabelle ebenfalls durchzuarbeiten. Es ist aufschlussreich, die Ergebnisse zu vergleichen und sich die Abweichungen bewusst zu machen. Wenn Sie die Kreuze miteinander verbinden, erhalten Sie eine schnelle Übersicht.

Als weiteren Schritt können Sie ankreuzen, wie Sie Ihr Gegenüber wahrnehmen. Auch hier ist es nützlich, jene drei Eigenschaften zu kennzeichnen, die für Ihr Gegenüber besonders charakteristisch sind.

0 = nicht zutreffend **4 = trifft voll zu**	**0**	**1**	**2**	**3**	**4**
Sympathisch					
Zuverlässig					
Freundlich					
Humorvoll					
Autoritär					
Geltungsbedürftig					
Vertrauensvoll					
Aggressiv					
Aufrichtig					
Sachlich nüchtern					
Selbstsicher / selbstbewusst					
Initiativ, aktiv					
Temperamentvoll					
Tolerant					
Ungeduldig					
Hilfsbereit					
Dominant					

0 = nicht zutreffend **4 = trifft voll zu**	**0**	**1**	**2**	**3**	**4**
Anpassungsfähig					
Gewissenhaft					
Kreativ					
Intelligent					
Ausgeglichen					
Entschlusskräftig					
~~Freundlich~~					
Kompromissbereit					
Impulsiv aufbrausend					
Ehrgeizig					
Schlagfertig					
Unsicher					
Optimistisch					
Egozentrisch					
Begeisterungsfähig					
Selbstbeherrscht					
Aufgeschlossen					
Vielseitig					
Warmherzig					
Fähig, andere zu beeinflussen					
Liebevoll					
Kontaktfreudig					
Einfühlsam					
Verständnisvoll					
Objektiv / neutral					
Arrogant / eingebildet					
Naturverbunden					
Visionär					
Charismatisch					
Nachtragend					
Neidvoll					
Lösungsorientiert					
Problemorientiert					

Tab. 2.1: **Selbst- und Fremdwahrnehmung**

- Vergleichen Sie die drei zentralen Eigenschaften, von denen Sie meinen, dass sie für Ihre Persönlichkeit und die des Gegenübers besonders charakteristisch sind; ein Austausch darüber kann neue Erkenntnisse bringen
- Analysieren und besprechen Sie mit Ihrem Partner das gesamte Bild. Es hat sich als sehr nützlich erwiesen, abweichende Ergebnisse aufzuschreiben und zu begründen
- Stellen Sie Ihre starken bzw. positiven Eigenschaften den vermeintlich schwächeren bzw. negativen Eigenschaften gegenüber; hier kann die Entscheidung, auf welche Bereiche Sie sich zukünftig konzentrieren wollen, Klarheit bringen.

Persönlichkeitsprofil

Die Ergebnisse der Übung zur Selbst- und Fremdwahrnehmung geben hilfreiche Informationen, um im nächsten Schritt das eigene **Persönlichkeitsprofil** erstellen zu können und ein allgemeines Bild einer kompetenten Erzieherinnenpersönlichkeit zu entwerfen. Das folgende Raster eines Persönlichkeitsprofils soll lediglich als Anregung dienen und mit Ihren eigenen Ergebnissen und Kompetenzen ausgefüllt werden.

ÜBUNG

Persönlichkeitsprofil erstellen

Ich bin:
- Ein optimistischer Mensch, mein Denken ist lösungsorientiert. Auf Ehrlichkeit und Echtheit in Ausdruck und Verhalten lege ich großen Wert

Ich kann:
- Ziele selbst definieren und erreichen, gut analytisch denken und organisieren. Ich kann mich voll und ganz engagieren. Die Fähigkeit zur Team-

arbeit habe ich mir stets erhalten und ich kann sehr gut mit Stresssituationen umgehen

Ich habe:

- Berufs- und Lebenserfahrung bzw. Führungserfahrung, ein sehr gutes Einfühlungsvermögen, ein gut entwickeltes Talent für Kommunikation und überdurchschnittliche pädagogische sowie didaktische Fähigkeiten
- Neben fachlicher Kompetenz sind für mein berufliches Selbst- und Aufgabenverständnis vor allem Begeisterungsfähigkeit, Lernbereitschaft und Flexibilität entscheidend

Meine fachlichen Kompetenzen, Schwerpunkte und Stärken:

Persönlichkeit und Verhalten

Der letzte Schritt der Selbstanalyse klärt die grundsätzlichen Aspekte der **Persönlichkeit** und des **Verhaltens.** Die Bearbeitung des Dreiecks „Persönlichkeit und Verhalten" (→ Abb. 2.2) schließt den Selbstanalyseprozess ab. Alle Schritte legen die Basis für die konkrete Entwicklung des persönlichen Veränderungsmanagements. Sollten für Ihre persönliche Standortbestimmung bzw. für die ganz konkrete Ausgestaltung des Dreiecks noch Informationen fehlen, kann die Auseinandersetzung mit den zehn Motivationsstrategien weiterhelfen.

ÜBUNG

Persönlichkeit und Verhalten klären

Füllen Sie das auf der nächsten Seite abgebildete Dreieck „Persönlichkeit und Verhalten" mit Ihren eigenen Ideen und Vorstellungen aus. Die Punkte zum Thema im Anschluss sind lediglich als Anregung gedacht.

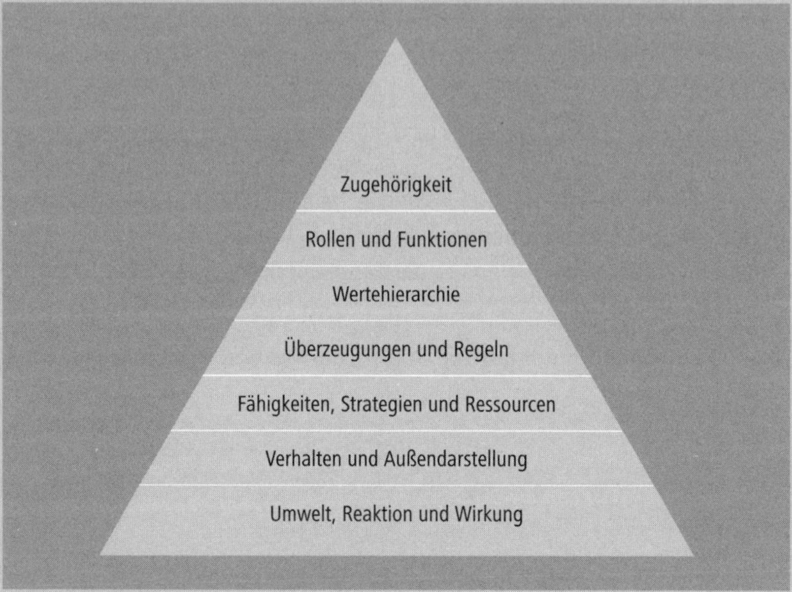

Abb. 2.2: **Dreieck „Persönlichkeit und Verhalten"**

- **Zugehörigkeit** – welchen Lebensbereichen Familie / Partnerschaft, Beruf / Arbeitsmarkt, Körper / Gesundheit und Freizeit / Sinnfragen wenden Sie sich zu? Dieser Bereich steht an oberster Stelle zur Klärung der persönlich empfundenen und gewünschten Identität
- **Rollen und Funktionen** – die Zugehörigkeit zu den Lebensbereichen ermöglicht die Klärung der wahrgenommenen Rollen und Funktionen z. B. als Mutter, Elternvertreterin, Hausfrau, Ehefrau oder Lebensgefährtin, Alleinerziehende
- **Wertehierarchie** – welche Werte, Lebensprinzipien oder -prioritäten haben Sie? Die Klärung Ihres Werteverständnisses bildet die Grundlage für das motivierte Handeln und Verhalten
- **Überzeugungen und Regeln** – auf dieser Ebene können Sie Ihre Visionen und Ziele entwickeln, die sie verwirklichen wollen. Es ist nützlich,

sich hier noch einmal klar zu machen, dass einer Formulierung der Ziele auch die Umsetzung folgen muss. Auf den Entschluss und die Entschlossenheit kommt es an. Unterstützend ist in diesem Prozess, die persönlichen Glaubensätze, Denk- und Verhaltensmuster einzubeziehen und Ihre Überzeugungen zu verändern oder zu stärken

- **Fähigkeit, Strategien und Ressourcen** – bringen Sie Ihre Fähigkeiten, Kenntnisse und Fertigkeiten in Zusammenhang mit der Umsetzung der Visionen und Ziele und wirken Sie auf die optimale Nutzung Ihrer Ressourcen hin: Zeit, finanzielle Mittel, Raum und Medien. Daraus folgt die Aufstellung der persönlichen Strategie
- **Verhalten und Außendarstellung** – bei diesem Schritt steht im Vordergrund, die eigenen Visionen, Ziele und Strategien in der Lebenspraxis umzusetzen, sich für die Selbst- und Außenwahrnehmung zu sensibilisieren, mehr Achtsamkeit in Bezug auf das eigene Verhalten zu entwickeln sowie auf die Sprache, Mimik, Gestik, körperliche Haltung und das äußere Erscheinungsbild zu achten.

2.2 Handlungsstrategien

Jeder Mensch verfügt über die Fähigkeit, seine Gedanken aus eigener Kraft zu entwickeln, zu ändern und zu steuern. Es liegt in seiner Macht, sein Denken in die gewünschte Richtung zu lenken und hierdurch sein Handeln zu beeinflussen. Entscheidend sind die Klarheit der Gedanken, Vorstellungen und die innere Einstellung.

Die Vereinbarung mit sich selbst

Werte, Lebensprinzipien und Visionen bilden das Fundament für ein zielgerichtetes Handeln und erfolgreiches Verhalten. Sie haben die Möglichkeit,

Ihr Haus auf diesem Fundament zu bauen, indem Sie eine **Vereinbarung mit sich selbst treffen:** Entwickeln Sie für sich ein Konzept, eine *individuelle Lebensstrategie*, um Ihre Träume oder Ihre Vorstellung von einem gelingenden Leben zu erfüllen. George Bernard Shaw unterstützt dies mit seinen Worten: „Die besten Reformer, die die Welt je gesehen hat, sind die, die bei sich selbst anfangen."

Ephraim Gottfried Lessing sagt: „Kein Mensch muss müssen!" Das heißt, die Entscheidung, wie viel Kraft und Energie Sie für die Umsetzung Ihrer Wünsche und Strategien investieren möchten, liegt ganz bei Ihnen. Mit den folgenden Schritten treffen Sie eine **Vereinbarung mit sich selbst.** Sie dient dazu, die persönlichen Vorstellungen über das eigene zukünftige Handeln und Verhalten zu bestimmen und festzulegen.

ÜBUNG

Schritt 1: Ja Sagen
Ein klares Ja ist hilfreich für die sofortige Einleitung der Verhaltensänderung. Die Richtung gibt jeder ganz allein vor aus innerer Überzeugung. Auf diese Weise übernehmen Sie Selbstverantwortung. Es ist wichtig, sofort mit dem zweiten Schritt zu beginnen.

Schritt 2: Etwas Ungewöhnliches tun
Sich selbst belohnen tut gut. Dies kann die selbst spendierte Stunde Zeit sein, die Sie sich unabhängig von Ihrer gegenwärtigen Terminsituation oder beruflichen Einbindung gönnen, für etwas, was Ihnen in diesem Moment gut tun würde. Vielleicht möchten Sie sich in ein Café oder in ein Bistro setzen oder an Ihrem Lieblingsort spazieren gehen, vielleicht möchten Sie sich etwas Gutes gönnen und einfach durchatmen. Dieser Schritt hängt unmittelbar mit dem ersten zusammen: Sie sind unterwegs.

Schritt 3: Die Gedanken fließen lassen
In sich hineinspüren und die Atmung erfahren, sich leichter und freier fühlen: In solchen Momenten können Sie sich bewusst erfahren und spüren. Es sind die ersten Schritte der körperlichen und geistigen Entspannung. Sie sind eine gute Voraussetzung dafür, sich neuen Zugängen zu öffnen. Wenn Sie sich Zeit

nehmen und die Gedanken beobachten, haben Sie in einem solchen Moment die Möglichkeit zu bestimmen, ob Sie Ihre Gedanken behalten wollen oder ob Sie sie in eine andere Richtung lenken wollen. Eine wirksame Hilfe ist es, sich an entspannende Momente, z. B. im Urlaub, zu erinnern; so fällt es leichter, belastende Gedanken abzuwerfen.

Schritt 4: Die Umgebung achtsam und bewusst wahrnehmen
Ihre Wahrnehmung kann sich sehr verändern, wenn Sie sich die Menschen und den Raum um sich herum mit den Augen und mit dem Gefühl erschließen – Details wahrzunehmen kann ungeahnte Impulse geben. Vielleicht möchten Sie auch in einen Park gehen und tief einatmen; auf jeden Schritt zu achten, kann dazu beitragen, die Verbindung zur Natur und damit zu sich selbst wiederherzustellen. Dies ist eine Möglichkeit, sich zu erden und zu spüren, dass wir ein Teil der Natur sind, eine Möglichkeit, sich der Symbiose zwischen Mensch und Natur wieder anzunähern. Dies kann bewusst machen, dass jeder maßgeblich die Entscheidung dafür trifft, ob es Ihm gut geht oder nicht.

Schritt 5: Das persönliche Änderungskonzept entwickeln
Dieser Schritt kann dabei helfen, sich den eigenen Wünschen anzunähern; es ist hilfreich, den spontanen Gedanken wie beim Brainstorming Ausdruck zu verleihen, ohne Bewertung und unabhängig davon, ob Sie Ihre Vorstellungen für machbar oder unlösbar halten. Auch hier ist es nützlich, alles aufzuschreiben.

Schritt 6: In Ruhe das Ergebnis anschauen
Jeder Gedanke, hat die Tendenz, umgesetzt zu werden. Dies ist eine Gelegenheit, das eigene Potenzial zu spüren; dieses Potenzial möchte realisiert werden. Die Ideen und Vorstellungen aus der vorigen Übung sind existent und gehört zu uns. Es lohnt sich, sie nicht gleich zu verwerfen, weil wir vielleicht fürchten, was wir bisher nicht verändert haben, ließe sich auch in Zukunft nicht verändern. Es ist ein weiterer Schritt zur Selbstakzeptanz, an diesem Punkt Freundschaft zu schließen mit dem, was unser Inneres uns eröffnet hat. Zu sich selbst zu sagen – es ist gut so – kann diesen Prozess unterstützen. Es ist gut, sich mindestens einen Tag lang Zeit zu nehmen, um diese Erfahrung zu verarbeiten und anzunehmen.

Schritt 7: Die Gedankenliste nach Priorität ordnen
Welche Verhaltensänderung jeder für wichtig erachtet ist individuell sehr unterschiedlich. Auch hier ist es sinnvoll, eine persönliche Rangliste schriftlich festzuhalten. Damit setzen Sie den Anfangspunkt für Ihre persönliche Verhaltensstrategie. Unterstützend kann die Beobachtung wirken, wie sich die eigene Physiognomie und der verbale Ausdruck bei diesem Prozess verändern: Energie und Zuversicht wachsen und wirken unmittelbar positiv auf das Umfeld.

Schritt 8: Die Strategiefolge festlegen und den Zeitraum für die Umsetzung
Die Umsetzung braucht Zeit und nicht alles kann und muss gradlinig erfüllt werden – der Weg ist das Ziel und sich irren ist erlaubt. Unter dieser Voraussetzung sind Ziele leichter zu erreichen. Fehler und Irrtümer verlangen eine Justierung und Neuorientierung, die das persönliche Wachstum erst ermöglichen. Jeder Schritt muss von zwei Seiten betrachtet werden; so entwickelt sich ein empathisches Verständnis für das Umfeld und mehr Souveränität bei ungewünschten Reaktionen oder Situationen. Bereits eine umgesetzte Priorität ist ein Gewinn, denn dies schafft Vertrauen in die eigene Fähigkeit, auch weitere Ziele erfolgreich umsetzen zu können.

Schritt 9: Kurs halten und die wahrnehmbaren Veränderungen notieren
Es kann sehr hilfreich sein, sich am Abend 15 Minuten Zeit zu nehmen, um in Stichworten festzuhalten, welches Verhalten und welche Situationen am Tage positiv verlaufen sind: Das sind die „Goldenen Momente“, die damit bewusst werden. Notieren Sie fünf solcher positiver Ereignisse; bereits nach sieben Tagen haben Sie mindestens 35 sinnerfüllte, erfolgreiche Situationen notiert, die Ihr Selbstbewusstsein und Ihre Selbstwertgefühl stärken können.
Es ist nützlich, auch die Dinge aufzuschreiben, die nicht oder vermeintlich nicht positiv verlaufen sind. Dies schärft den Sinn für versteckte und auch offene Botschaften, die eine Veränderung oder Neuorientierung einfordern. Hier kann die Frage sinnvoll sein, ob Sie Ihre Kraft in die Vermeidung von Schwächen investieren sowie ob und wie Sie Ihre Stärken für das Erreichen Ihres Zieles einsetzen wollen. Dies macht bestimmte Verhaltensmuster bewusst und es kann leichter fallen, darauf zu verzichten.

Schritt 10: Zu einem festgelegten Zeitpunkt Bilanz ziehen und Prioritäten verändern
Ein guter Zeitpunkt ist es, nach einem halben Jahr die erste Prioritätenliste in die Hand zu nehmen und eine Veränderungsbilanz zu ziehen: Dies macht bewusst, was Sie bisher erreichen konnten. Das ist der Treibstoff für eine glückliche, ausgeglichene und erfolgreiche Lebensgestaltung, die noch dazu auf andere Menschen ohne besonderes Zutun „abfärbt". Mit diesem Schritt beginnt der Kreislauf wieder von vorn; er modifiziert und verfeinert sich aufgrund der gewonnenen Erfahrungen und Erkenntnisse. Dieser Prozess macht überdies deutlich, dass vermeintlich negative Lebenssituationen notwendig sind, um Verhaltensänderungen anzuregen. Dies führt dazu, Ereignissen und Situationen gelassener, bewusster und souveräner entgegenzusehen.

Erfolgsstrategie

Bei der Umsetzung der persönlichen und beruflichen Handlungsstrategie ist eine **Erfolgsstrategie** hilfreich, mit deren Hilfe der Self-Coaching-Prozess begleitet und überprüft werden kann. Wer Erfolg haben möchte, braucht ein aufgabenspezifisches Selbstvertrauen, das auf einer realistischen Einschätzung des eigenen Könnens beruht, mit der Gewissheit, eine bestimmte Aufgabe erfolgreich lösen und wahrnehmen zu können. Selbstdisziplin, Konzentration, Beharrlichkeit, Konsequenz und Geduld sind die Grundtugenden des Erfolges. Diese Eigenschaften werden gebraucht, um die hier vorgestellte Erfolgsstrategie mit Leben zu erfüllen. Sie lehnt sich an die Ergebnisse einer Untersuchung der Universität Hannover von 1999 an, die die *Erfolgskriterien* von Spitzensportlern in vier Kerneigenschaften dargestellt hat:

- Wille
- Disziplin
- Teamfähigkeit ohne Aufgabe der eigenen Individualität
- Bescheidenheit ohne Unterwürfigkeit.

Wille

Die folgende Begebenheit wird Sokrates zugeschrieben: Eines Tages stand ein junger Mann vor Sokrates und fragte: „Was ist das Geheimnis des Erfolgs im Leben?“ Sokrates sagte dem jungen Mann: „Wir wollen uns morgen früh am Fluss treffen.“ So geschah es. Sie standen also am Ufer und Sokrates sagte: „Jetzt gehen wir in den Fluss.“ Als beide bis zum im Wasser standen, packte Sokrates plötzlich den jungen Mann und drückte dessen Kopf unter Wasser. Der arme Kerl wehrte sich verzweifelt, aber Sokrates ließ nicht locker. Als er endlich los ließ, prustete der junge Mann entsetzt und schnappte nach Luft. Sokrates fragte ihn: „Was wolltest du gerade am meisten, als du unter Wasser warst?“ „Luft“, lautete die Antwort. „Siehst du“, sagte Sokrates, „das ist das Geheimnis des Erfolgs. Wenn du Erfolg so sehr willst, wie du unter Wasser Luft haben wolltest, dann wirst du auch Erfolg haben.“

Der Begriff **Wille** steht für das Vorhandensein starker Wünsche oder Ziele oder für die bewusste Entscheidung für oder gegen etwas. Wer etwas „wirklich“ will, der entwickelt ein starkes Durchhaltevermögen sowie eine hohe Konzentrationsfähigkeit – und ebenso Begeisterungsfähigkeit und echte Freude, die persönlichen Ziele zu erreichen. Das ungebremste Vertrauen in die eigene Leistungsfähigkeit setzt die Energien frei.

Disziplin

Diszipliniertes Verhalten und Handeln ist erfolgte Selbstkontrolle. Wille und **Disziplin** entspringen einer unerschütterlichen Entschlusskraft, die Leidenschaft und Begeisterung hervorrufen kann. Ein disziplinierter Mensch weiß auch um die Kraft der Geduld, er kann abwarten bis letztlich ein Ziel erreicht wird. „Die erste Erfolgsregel, die über allen anderen steht, besagt, dass man Willenskraft haben muss. Das Wichtigste ist dann zu wissen, wie man Energie konzentriert, wie man mit ihr haushaltet und wie man sie auf wichtige Dinge beschränkt, anstatt sie mit trivialen Dingen zu verzetteln“, formuliert Michael Korda zum Thema.

Disziplin, Konzentration und Geduld führen dazu, mit Effektivität ein gesetztes Ziel wirklich zu erreichen und mit Effizienz den Aufwand dafür möglichst klein zu halten; das heißt, die zur Verfügung stehende Energie auf die Herausforderung des Augenblicks zu richten.

Teamfähigkeit

Wer allein arbeitet addiert, wer im Team arbeitet multipliziert – um hierfür die geeigneten Voraussetzungen zu schaffen, ist ein klares Regelwerk der Zusammenarbeit nötig. In ihm ist die Zielsetzung, wie die gemeinsamen Aufgaben gelöst werden sollen, klar vereinbart und definiert, damit sich die Talente und individuellen Fähigkeiten der Teammitglieder entfalten können. Ein Klima der Offenheit, der Aufrichtigkeit, Ehrlichkeit sowie die Fähigkeit, sich an den Erfolgen anderer zu erfreuen, führt am schnellsten zu den gewünschten Ergebnissen.

Erfolgreiche Teamarbeit ist ein vertrauensvolles Zusammenwirken, das der Kontakt- und Gesprächsbereitschaft sowie der Kooperations- und Konfliktlösungsfähigkeit der Teammitglieder bedarf. Für den Autor Ernst A. Rotter wird Team dagegen folgendermaßen buchstabiert:„**T** wie Tolerant; **E** wie Engagiert; **A** wie Aktiv und **M** wie Motiviert.“

Bescheidenheit

Viele Menschen kennen den süßen Duft des Erfolges. Er kann auch zu einem unangemessenen Stolz und zu einem übertriebenen Herausstellen der Leistungen verführen. Es ist durchaus sinnvoll und legitim, persönliche und kollektive Leistungen nach außen zu kommunizieren, doch dies sollte ein Maß haben, das nichts mit Prahlerei zu tun hat. Ein erfolgreicher Mensch, der mit Fleiß und Hingabe arbeitet, der sich einer Sache intensiv widmet und dabei schwierige Hürden überwindet, weiß um die Bedeutung der Zurückhaltung. Neue Erfolge verlangen erneute Anstrengungen, die Kraft und Energie benötigen. Ein zurückhaltender und bescheidener Mensch weiß um den wahren Kern der Erkenntnis von Rainer Maria Rilke: „Wer spricht von Siegen? Überstehn ist alles.“

Individuelle Lebensstrategie

Die Erstellung der eigenen **Lebensstrategie,** des *persönlichen Selbstkonzepts* kann nur individuell ausgelegt sein. Die in der folgenden Übung aufgeführten Punkte sind deshalb nur beispielhaft für eine solche Lebensstrategie zu sehen. Sie können jedoch hilfreich sein bei der Erarbeitung Ihrer individuellen Strategie.

ÜBUNG

Meine individuelle Lebensstrategie

Formulieren Sie für sich selbst die Punkte, von denen Sie sich Lebensqualität und berufliche Leistungsfähigkeit versprechen und die Ihnen helfen, Zeit und Energie zu sparen, die Kraft spenden und Sie in einer souveränen und glückliche Lebensweise unterstützen. Ich:

- Stehe morgens frühzeitig auf und nehme mir etwas Zeit z. B. für meine Buch- oder Zeitungslektüre oder mein / unser Frühstück
- Halte mich fit durch Sport
- Lerne ständig Neues und gehe neugierig und unbefangen an Aufgaben heran
- Nehme einmal am Tag eine Auszeit und tu mir gut, indem ich mich z. B. mit einem Capuccino im Bistro belohne
- Nehme mir Zeit zum Nachdenken, aber auch für „verrückte Ideen". Was mir wichtig ist, halte ich schriftlich fest
- Pflege freundschaftliche oder partnerschaftliche Beziehungen zu meinem Umfeld und verabrede mich mindestens einmal in der Woche mit einem/r guten Freund/in
- Lege Wert auf die Meinungen meiner Freunde oder Berufskolleginnen
- Bin ein guter Zuhörer und bin bei der Lösung von Problemen anderer gern behilflich
- Freue mich an den Erfolgen meiner Mitmenschen
- Lache gerne und oft
- Treffe schwierige Entscheidungen mit Bedacht und sehe die Argumente aus verschiedenen Blickwinkeln
- Breche regelmäßig aus meinen Gewohnheiten aus und mache Sachen wie im Regen spazieren gehen und in die Pfützen springen oder eine Rose für meinen Partner mitbringen
- Führe ein Erfolgstagebuch und nehme mir am Abend 15 Minuten Zeit, um mindestens drei positive Erlebnisse und drei negative Ereignisse einzutragen und meine Schlussfolgerungen daraus zu ziehen
- Plane am Abend den Folgetag und notiere mir die wesentlichen Aufgaben, die ich lösen werde

- Schlafe mit einem positiven Gedanken, mit einem positiven Bild ein, um so positive Traumerlebnisse vorzubereiten
- Bereite wichtige Gespräche oder Besprechungen vor. Ich stelle mir die zukünftige Situation bildlich und gedanklich vor und kläre die zentralen Fragen zu meinem Auftreten, meiner Körperhaltung, dem Blickkontakt sowie zum Gesprächsaufbau und zur Argumentation
- Ich spreche mindestens einmal am Tag eine von Herzen kommende Anerkennung und ein Lob an eine Kollegin, an ein Familienmitglied aus und sage häufiger Danke
- Sage zukünftig nicht mehr Ja, wenn ich Nein meine
- Teile meine Zeit ein
- Nehme mir ausreichend Zeit für meine Partnerschaft und für meine Familie
- Sorge für einen geordneten Arbeitsplatz und schaffe mir die nötige Übersicht und Transparenz, um mir Materialien und Informationen schnell zu beschaffen
- Nehme mir einmal in der Woche eine Stunde Zeit, um meine Ziele zu überprüfen und zu hinterfragen
- Sehe Fehler als Lernprozess und als Aufforderung zur Veränderung; ich mache mir die Fehler bewusst und vermeide eine Wiederholung.

Strategie des Führungsverhaltens

Für die Leitung einer Kindertageseinrichtung erleichtert ein klares **Führungsverhalten** den Arbeitsalltag erheblich. Der folgende *„Zehn-Punkte-Katalog für Führungskräfte“* in Anlehnung an die von Prof. Renato Taguiri entwickelten zehn grundsätzlichen Verhaltensweisen bietet ein erfolgreiches Instrumentarium für die Mitarbeiterführung und das Mitarbeiter-Coaching. Die Vernachlässigung eines Punktes kann einer Führungskraft bereits Probleme bereiten. Taguiri betont, dass die Mitarbeiterinnen wissen müssen, wie sie beurteilt werden, welche Prioritäten die Leitung verfolgt und ob ihre ernsthaften Anstrengungen überhaupt wahrgenommen werden.

Eine gute Führungskraft:

- Klärt genau ab, welche Aufgaben erfüllt werden müssen
- Gibt eindeutige Beschreibungen dieser Arbeitsaufgaben an ihre Mitarbeiter weiter
- Interessiert sich für die Meinung der Mitarbeiter und für ihre Vorschläge, wie eine Aufgabe bewältigt werden kann
- Sorgt dafür, dass die für die Arbeitsaufgaben notwendigen Mittel wirklich zur Verfügung stehen
- Hat klare Bewertungsmassstäbe
- Erkennt Leistungen und belohnt sie entsprechend
- Gibt einem erfolgreichen Mitarbeiter sofort Rückmeldung
- Vermeidet persönliche Freundschaften mit „Untergebenen“
- Gibt eigene Irrtümer und Fehler zu; sie belügt die Mitarbeiter niemals
- Überlässt Entscheidungen, die nur sie selbst treffen kann, niemals einem anderen.

ÜBUNG

Reflektieren Sie die folgenden Handlungsfelder für die Leitung von Kindertageseinrichtungen und klären Sie, inwieweit es Ihnen gelingt, diese Bereiche in der Praxis umzusetzen:

Kooperativer Führungsstil
Kooperativ zu führen, heißt: Die Mitarbeiterinnen an den Arbeitsprozessen auf der Grundlage des Anforderungs- und Aufgabenprofils zu beteiligen, Verantwortung zu übertragen, fachbezogene Potenziale verstärkt zu nutzen und die Teamarbeit zu fördern.

Führen durch Zielvereinbarungen
Die Konzeption der Kindertageseinrichtung bildet das Fundament für die gemeinsamen Ziele; die Ziele sind das Navigationssystem der Einrichtung und sie müssen überprüfbar sein. Die Leiterin unterstützt die Mitarbeiterinnen bei der Entwicklung von Zielen.

Integrität
Unter dem Begriff Integrität summieren sich: vorbildliches Verhalten, ein vertrauensvoller, offener und gleichberechtigter Umgang mit den Mitarbeiterinnen auf der Grundlage des Aufgaben- und Anforderungsprofils, Verbindlichkeit im Tun, verantwortungsvolle Übernahme und Umsetzung von Aufgaben, Verlässlichkeit sowie Pünktlichkeit.

Information und Transparenz
Es ist nützlich, ein Informationssystem zu entwickeln z. B. mittels einer Informationstafel sowie die transparente Gestaltung der pädagogischen, personellen und organisatorischen Arbeit wie Projekte, Weiterbildungsplanung, Ablauf von Veranstaltungen. Auch Informationen über allgemeine Themen sind wichtig.

Führen durch Nähe und Distanz
Störungsfreie Zeiten muss es genauso geben wie Sprechzeiten. Jede Leiterin braucht zum einen Ruhe, um zentrale Aufgaben konzentriert und ordnungsgemäß wahrzunehmen und zum anderen Zeit für den Kontakt mit Mitarbeiterinnen, Eltern, Kindern und Gästen. Eine generelle Festlegung von störungsfreien Zeiten ist in der Praxis häufig schwer umsetzbar; Voraussetzung für ein geregeltes Zeitfenster ist die Akzeptanz und die Unterstützung bei den Mitarbeiterinnen.

Kreativität und Innovation
Wer nicht mit der Zeit geht, geht mit der Zeit. Aktuelle Entwicklungen in der Pädagogik müssen aufgeschlossen verfolgt und auf ihre Praxistauglichkeit geprüft werden. Neue Ideen und Anregungen von den Mitarbeiterinnen aufzugreifen ist lohnend wie die Beobachtung des Marktes und der Kontakt zu Kolleginnen anderer Einrichtungen. So offenbart sich die Kindertageseinrichtung als lernende Organisation, die offen ist für Veränderungen und neue Entwicklungen.

Fehlerkultur und Fehlertoleranz
Fehler ermöglichen Entwicklung und Wachstum. Fehler gehören zum Menschsein, denn Fehler zu machen bedeutet im Kern, sich zu verändern und dies möglichst in die Richtung, dass sich dieselben Fehler nicht wiederholen.

Selbstorganisation und Selbstkonzept
Lebenslanges Lernen ist der Schlüssel für erfolgreiche Arbeit und für Veränderung. Hierzu gehört die Klärung der Frage nach der Selbstorganisation (-wirksamkeit) und nach den grundsätzlichen Lebensprinzipien, die überprüfbar realisiert werden können ebenso wie die Darstellung des eigenen Stärken- und Anspruchsprofils.

Förderung der individuellen Stärken und der Persönlichkeitsentwicklung
Die Achtung der Menschenwürde und der Persönlichkeit steht an erster Stelle. Zum einen wird die Individualität der Mitarbeiterinnen geachtet und zum anderen die damit verbundenen Stärken bewusst gemacht und gefördert. Das Ziel heißt hier: Mitarbeiterinnen fördern und fordern.

Nachwort

Der Beitrag einer unbekannten Hamburger Pastorin soll abschließend Impulse für das persönliche Self-Coaching geben. Er ist ein Auszug einer im Frühjahr 2004 im Radio NDR Kultur vorgetragenen Morgenandacht:

„Ich schöpfe Kraft und lasse den Tag an mich herankommen: Dieser Tag, was wird er mir bringen? Auf jeden Fall für mich und für viele von Ihnen: Eine Flut von Worten. Worte, die mich belehren, erheitern oder überzeugen sollen. Worte, die mir etwas aufschwätzen oder zu Kauf und Konsum verleiten wollen; Worte, die mich verwunden, mich niederdrücken, die mich unterwerfen möchten. Mir graut vor den vielen Worten; auch vor manchen, die ich selbst machen werde.

Doch vielleicht sieht der heutige Tag anders aus: Jemand schüttet mir sein Herz aus und hört voll Vertrauen auf meinen Rat. Jemand hält zu mir, weil er mein Freund ist, und steht mir bei. Jemand spricht über Schuld und sagt: Komm, lass uns neu miteinander beginnen. Jemand gibt sich Mühe und erweitert geduldig den begrenzten Horizont meiner Einsichten und Erfahrungen. Jemand lässt unverhofft Dank und Anerkennung laut werden und verwandelt den Tag für mich.

Inmitten des Wortgerölls gibt es Edelsteine, in der Sprachwüste sprudelnde Quellen: heilende, tröstende, ermutigende, froh machende Worte. Sie sind wie frisches, schmackhaftes Brot. Sie schenken Leben und Kraft."

Aufforderung

„Das Leben ist eine Chance, nutze sie.
Das Leben ist Schönheit, bewundere sie.
Das Leben ist Seligkeit, genieße sie.
Das Leben ist ein Traum, mach daraus Wirklichkeit.
Das Leben ist eine Pflicht, erfülle sie.
Das Leben ist ein Spiel, spiele es.
Das Leben ist kostbar, geh sorgfältig damit um.

Das Leben ist Reichtum, bewahre ihn.
Das Leben ist Liebe, erfreue dich an ihr.
Das Leben ist ein Rätsel, durchdringe es.
Das Leben ist Versprechen, erfülle es.
Das Leben ist Traurigkeit, überwinde sie.
Das Leben ist eine Hymne, singe sie.
Das Leben ist eine Herausforderung, stelle dich ihr.
Das Leben ist ein Kampf, akzeptiere ihn.
Das Leben ist eine Tragödie, ringe mit ihr.
Das Leben ist ein Abenteuer, wage es.
Das Leben ist Glück, verdiene es.
Das Leben ist das Leben, bewahre es.
Das Leben ist lebenswert, lebe es."

MUTTER TERESA

Literaturverzeichnis

Cichowski, R. R.: Ihr Weg zum Erfolg, Erlangen 2002
Enkelmann, N. B.: Rhetorik: Das ABC der Beeinflussungskunst, Wiesbaden ohne Jahresangabe
Geißler, K. H. A.: Zeit: Verweile doch, du bist so schön, Weinheim und Berlin 1997
Heckhausen, H.: Motivation und Handeln, Berlin 1989
Herzberg, F.: The motivation to work, New York 1959
Hudson, F. M./McLean, P. D.: Heute beginnt ihr neues Leben, Landsberg 2001
Kratz, H.-J.: Motivieren – aber wie?, Offenbach 2003
Löhr, J./Pramann, U.: Einfach mehr vom Leben, München 2001
McGregor, D.: Der Mensch im Unternehmen, Düsseldorf/Wien 1973
Nerdinger, F. W.: Motivation von Mitarbeitern, Göttingen 2003
Pommerenke, U.: Team und Teamentwicklung. In Zukunft Kindergarten, Offenbach 2002
Pommerenke, U.: Der Umgang mit sich selbst: Kindergarten und Persönlichkeit, Landsberg 2004
Reiss, S.: The 16 Basic Desires That Guide, US Today Magazine 2001
Rosenstiel, L. v.: Motivation im Betrieb, Leonberg 2001
Schulz von Thun, F.: Miteinander reden 1, Reinbek 2001
Seiwert, L. J.: Wenn Du es eilig hast, gehe langsam, Frankfurt a. M. 1998
Seiwert, L. J.: Selbstmanagement, Offenbach 1995
Sprenger, R. K.: Mythos Motivation, Frankfurt a. M. 2002
Staehle, W. H.: Management: eine verhaltenswissenschaftliche Perspektive, München 1991
West, Michael A.: Innovation und Kreativität, Weinheim und Basel 1999

Die Praxis im Mittelpunkt

Arnim Krenz (Hrsg.)
Psychologie für Erzieherinnen und Erzieher
Grundlagen für die Praxis
2007, ca. 400 S.
ISBN 978-3-589-24527-7

Ein Buch voller Anregungen für die direkte Anwendung psychologischen Wissens in die Praxis. Darin geht es z. B. um

- die Person der Erzieher/innen im psychologischen Kontext,
- den Gegenstand der Psychologie und Entwicklungspsychologie sowie Fragestellungen aus der Praxis dazu,
- die Kommunikation und Interaktion als Erzieher/in.

Dabei haben sich die namhaften Autor/innen an den Ausbildungsrichtlinien der Fach(hoch)schulen/-akademien für Sozialpädagogik orientiert, an den aktuellen Bildungsrichtlinien der Länder, den derzeitigen psychologischen Theorieerkenntnissen und vor allem an der Praxis der Erzieher/innen.
Und mit seiner Übersicht über psychologische Begriffe, seinem didaktischen Konzept und der ansprechenden Gestaltung lädt es nicht nur zum Lernen, sondern auch zum Schmökern ein. Überzeugen Sie sich selbst.

www.cornelsen.de/fruehe-kindheit

Cornelsen
SCRIPTOR